저출산의 배경

저출산의 배경

초판 1쇄 인쇄   2010년 05월 12일
초판 1쇄 발행   2010년 05월 19일

지은이 | 김민식
펴낸이 | 손형국
펴낸곳 | (주)에세이퍼블리싱
출판등록 | 2004. 12. 1(제315-2008-022호)
주소 | 157-857 서울특별시 강서구 방화3동 316-3 102호
홈페이지 | www.book.co.kr
전화번호 | (02)3159-9638~40
팩스 | (02)3159-9637

ISBN 978-89-6023-368-3 03810

저출산의 배경

글 김민식

ESSAY

인간은 이상한 동물이다. 대부분의 동물은 기회만 되면 번식하려 하는데, 인간은 아이 낳기를 기피한다. 이러한 현상은 과거에도 나타나긴 했지만, 일부 지역에서 일시적으로 보이는 매우 드문 일이었다. 하지만 오늘날에는 전 세계적으로 아이 낳기를 기피하는 현상이 나타나고 있다.

이러한 번식 기피로 인해 출산율이 크게 낮아졌다. 그것은 우리나라만의 일이 아니라 전 세계적인 일이다. 동북 아시아와 유럽의 출산율은 이미 매우 낮으며, 아프리카와 남아메리카, 중동 국가들도 계속 낮아지고 있다. 지금과 같은 추세로 간다면 머지 않아 전 세계 인구는 감소하기 시작할 것이다.

이러한 저출산 현상에 대하여 많은 사람들이 우려의 목소리를 높인다. 저출산으로 인해 생산가능 인구 감소, 노동력 부족, 근로연령 상승, 소비 · 저축 · 투자 위축, 정부 재정수지 악화, 성장률 감소 등이 초래된다. 인구 감소에 따라 내수가 위축되고 생산가능 인구가 줄어들어 노동력이 부족해지며, 그것은 결국 저성장으로 이어져 나라의 미래가 어둡다고 한다.

사람들이 아이 낳기를 기피하는 것에 대하여 일부의 사람들은 자녀를 키우는 데 비용이 많이 들기 때문이라고 한다. 하지만 이것은 거짓말이거나 변명 또는 착각에 불과하다. 유럽은 부유하고 교육비가 거의 들지 않는데도 출산율이 낮다. 우리나라도 가장 부자인 강남 사람들이 자녀를 적게 낳는다. 즉 부자들이 자녀를 가장 적게 낳는 것이다. 돈이 없어서 아이를 안 낳는 게 아니다.

또 어떤 사람들은 직장 다니면서 아이 키우기가 힘들어 안 낳는다고 한다. 하지만 이것도 진짜 원인이 아니다. 이것이 원인이라면 적어도 전업주부는 아이를 여러 명 낳아야 할 것이다. 실제로 어렵기는 하지만 직장을 다니면서도 얼마든지 아이를 낳아 키울 수 있다. 옛날에는 더 어려운 여건에서도 많은 아이를 낳아 키웠다. 지금도 여건이 어려운 나라의 출산율이 더 높다. 어떤 이들은 취직하기도 어렵고 경제적으로 어려워서 아이를 안 낳는다고 하지만, 이것도 사실과 다르다. 가난한 사람들의 출산율이 결코 낮지 않은 것이 그 증거이다.

정부에서는 출산을 장려하기 위하여 각종 지원금 혜택과 장려 제도를 만들어 캠페인을 벌이고 있다. 하지만 출산율은 높아지지 않았으며, 앞으로도 오르지 않을 전망이다. 세계의 여러 나라들도 각종 대책을 내놓지만 효과를 본 나라는 거의 없다. 저출산의 근본 원인을 치유하지 못하고 있는 데다 쉽게 해결할 수도 없기 때문이다.

문제를 해결하기 위해서는 먼저 그 원인과 배경을 정확하게 이해해야 한다. 지금부터 저출산을 야기한 근본적인 변화의 원인과 배경에 대해서 살펴보고, 미래 사회에 대하여 고민해 보기로 한다.

2010년 5월
김민식

| 차 례 |

제3장 세계의 출산율 현황

제4장 저출산 이슈

제1장

인간의 욕구와 사회의 변화

1. 인간의 욕구

오늘도 우리는 아침 일찍 일어나 바쁘게 집을 나선다. 직장에 가서 돈을 벌기 위해서, 학교에 가서 무언가를 배우기 위해서, 누군가를 만나기 위해서 바쁘게 움직인다. 이와 같이 사람들이 하는 행동은 매우 다양하지만, 그 이면에는 욕구를 충족시키기 위함이라는 목적이 있다. 바로 이 욕구가 인간의 행동을 지배한다. 인간의 행동을 지배하는 인간의 욕구에 대하여 저명한 심리학자인 매슬로우는 아래와 같이 설명하고 있다.

1단계: 기본적인 생리적 욕구
인간의 생존에 있어서 가장 근본적이며 기본적으로 충족되어야 할 욕구(의식주, 성 등의 본능적 욕구)

2단계: 안전에 대한 욕구
신체적 안전으로서의 건강이나 정신적 측면에서의 안정감, 또는 사회적 안정(경제적 안정)

3단계: 소속감과 사랑의 욕구
다른 사람에 대한 관심과 애정의 출현. 어느 조직에 소속하고자 하는 동기가 나타나게 됨

4단계: 자존의 욕구

성취를 통해 자신감과 자존감을 높이고, 이를 통해 타인들로부터 인정과 존경을 받고자 하는 동기가 나타나게 됨

5단계: 자아 실현의 욕구

자신이 뜻하는 바를 실현하고자 하는 욕구

즉 인간은 잘 먹고 잘살고 안전하게 지내고 싶은 욕구, 가족 또는 동료들과 잘 지내고 존중 받으며 자기 하고 싶은 것 하고 살고 싶은 욕구가 있다. 수많은 사람들이 매일 바쁘게 움직이고 다양한 일을 하며 복잡하게 사는 것 같지만 모두 이 욕구를 벗어나지 못한다.

이러한 인간의 욕구는 태초부터 지금까지 변화가 없으나 그것을 만족시키는 방법은 시대에 따라 크게 변했다. 원시 시대에는 식량과 안전이 가장 중요했기 때문에 이를 확보하기 위해 집단으로 행동했다. 그것이 식량을 확보하고 안전을 지키는 데 가장 유리했기 때문이다. 이러한 집단 생활에서는 집단의 이익과 규율, 전통이 우선되기 때문에 개인은 존중될 수가 없었다. 따라서 사랑에 대한 욕구, 존중에 대한 욕구, 자아 실현에 대한 욕구는 후 순위로 밀릴 수밖에 없었다. 이 시대는 오로지 생존만을 위한 사회였다고 말할 수 있다.

농경 사회가 시작되면서 사람들은 대가족으로 살기 시작했다. 이 당시에도 식량과 안전은 가장 중요한 문제였다. 따라서 여전히 그 외의 욕구는 억제될 수밖에 없었다. 대가족이나 마을의 이익, 규율이 우선시되고 개인은 존중받을 수가 없었다. 100년 전 여성의 삶을 보면 그것을 잘 알 수 있다. 개인적인 생활은 거의 없으며 이른 아침부터 저녁 늦게까지 일하며 인고의 생활을 견뎌야 했다. 이와 같이 농경사회도 집단 중심의

사회였다.

산업사회에서는 공장 지역으로 젊은이들이 이주함에 따라 도시가 발달하고, 대가족은 핵가족으로 변한다. 이 시대에는 산업의 발달로 자본이 축적됨에 따라 다소 경제 문제가 완화되고, 과학 기술과 민주주의의 발달로 사회도 점점 안전해졌다. 이렇게 식량 문제와 안전 문제가 해결되어 가자 상위 욕구인 사랑에 대한 욕구, 자존에 대한 욕구, 자아 실현에 대한 욕구가 싹트기 시작했다.

지금 우리가 살고 있는 현대 사회는 식량과 안전이 이미 확보된 사회이다. 누구든지 의지만 있으면 쉽게 일자리를 잡을 수 있어 먹고사는 데문제가 없다. 사회보장 제도도 잘 발달되어 있어 차별 받거나 생명이 위협받는 일이 별로 없다. 따라서 다음 단계의 욕구인 사랑과 존중, 자아실현의 욕구 추구에 전념할 수 있게 되었다. 현대 사회에서는 과거에 비해 의식주와 안전보다는 사랑과 존중, 자아 실현의 욕구를 충족시키는데 보다 집중할 수 있게 되었다.

이러한 변화는 중요한 의미를 갖는다. 과거에는 의식주와 안전 문제때문에 집단으로부터 벗어날 수가 없어서 부족, 대가족, 핵가족 등의 집단으로 살 수밖에 없었다. 하지만 의식주와 안전 문제가 해결된 현대 사회에서는 사랑과 존중, 자아 실현의 욕구만이 관심의 대상이 되었고, 이러한 욕구를 만족시키기 위해서는 구태여 집단에 속해 있을 필요가 없게 되었다. 즉 개인으로 사는 것이 더 많은 행복을 추구하는 데 유리한것이다. 이러한 변화에 따라 현대 사회는 핵가족에서 개인 위주의 생활로 빠르게 변해가고 있다.

이러한 사회 환경의 변화에 따른 인간의 욕구 변화가 개인화, 가족의해체, 저출산을 불러오는 근본 원인이다.

세계 각국의 농업인구 비율

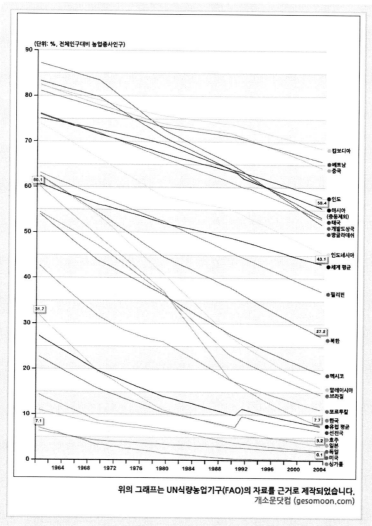

(단위: %, 전체인구대비 농업종사인구)

위의 그래프는 UN식량농업기구(FAO)의 자료를 근거로 제작되었습니다.
개소문닷컴 (gesomoon.com)

출처 : 〈개소문닷컴〉

농경 사회에서 산업 사회, 지식 정보화 사회로 변화됨에 따라 전 세계 모든 나라의
농업 인구는 감소하고 이에 따라 출산율도 감소한다.

2. 가족의 역할

가족은 자녀 양육의 기능을 중심으로 하여 특정한 애정의 유대 관계로 연결된 특정한 사람들의 집합체이다. 가족은 권력과 재산을 보존하고 확장할 수 있어야 한다. 가족은 사회 변동과 함께 변화하며 사회적 조건의 변화에 능동적으로 적응한다. 가족은 스스로를 돌본다. 먹을것이 부족하고 안전이 위협받으며 사회보장 제도가 미비한 사회에서는 가족 관계를 강화함으로써 그 부족함을 보완한다. 반면에 안전하고 경제적으로 풍요하며 사회제도가 잘 갖추어져 있을수록 핵가족화, 개인화된다.

엥겔스에 의하면 가족의 유래는 다음과 같다.

원시 사회는 유목민인 사냥꾼 사회로서 농사를 짓지 않고 확실한 거주지 없이 떠돌아다녔다. 이 사회에서 남성은 사냥을 했으나, 식량의 대부분은 여성이 채집해서 얻은 것들로 충당했다. 고정된 가족 구조는 없었다. 성적 파트너는 자주 바뀌었으며, 따라서 자녀들은 어머니의 혈통만 알 수 있었다.

이러한 원시 사회에 변화가 시작된 것은 농사를 짓게 되면서부터이다. 남성이 농사를 지음으로써 식량에 여유가 생기기 시작했고 그와 함께 정착 생활이 가능해졌다. 여유 농산물과 집은 곧 경제력이 되었고, 그 힘으로 남성은 권력을 장악했다. 남성은 자신의 소유물, 즉 자신의 토지를 자식에게 물려주고자 했기 때문에 여성의 성생활을 감시하지 않으면 안 되었다. 아이가 자신의 아이인지 아닌지 알아야 했기 때문이다. 그렇게 하여 가족 우두머리의 지도 아래 있는 혈통에 가까운 집단, 즉 가족이 생겨났고 가부장제가 형성되었다. 가부장은 다른 사람을 자기 아래에 예속시킴으로써 영주가 되거나 왕이 되기도 했다. 이러한 과정에서 축적된 부를 통해 시민 사회로 진보했다. 그리고 바로 이러한 시민 사회로부터 가족과 국가가 다시 소멸되는 공산주의에 이르게 될 것이라고 엥겔스는 내다보았다.

하지만 가족도 국가도 결코 소멸하지 않았으며 앞으로도 소멸하지 않을 것이다. 가족의 형태도 바뀌고 국가의 역할도 바뀌겠지만, 그 기능이 매우 중요하므로 다른 것으로 대체되기 어렵기 때문이다.

인류가 생겨난 이래 사람들은 가족을 이루며 살았다. 원시 사회에서는 집단 가족으로, 농경 사회에서는 대가족, 산업 사회에서는 핵가족으로 살았다. 인간만 가족을 이루며 사는 것은 아니다. 침팬지도 항상 무리를 지어 산다. 같이 식량을 확보하고, 같이 안전을 지키며, 함께 새끼를 키우고, 함께 놀기 위해서이다. 반면에 치타나 호랑이는 혼자 생활한다. 혼자서도 식량을 확보할 수 있고 안전을 지킬 수 있으며 새끼를 키울 수 있기 때문이다.

인간의 경우도 마찬가지이다. 항상 무리를 지어 살아왔다. 무리 지어 사는 것이 가장 유리했기 때문에 가족을 이루어 살았다. 하지만 환경이 바뀌어 가족을 이루지 않고도 살아가는 데 아무런 문제가 없어지자 혼자 사는 사회, 결혼하지 않는 사회, 아이 안 낳는 사회로 바뀌고 말았다.

그렇다면 농경 사회에서 자녀들은 부모에게 어떤 도움을 주었을까 생각해 보자.

첫째, 아이들은 커서 농사를 지어 부모를 공양했다. 즉 부모는 자식들에게 노후를 의지했기 때문에 특히 노동력이 좋은 아들을 필요로 했다.

둘째, 아이들은 커서 가족의 안전을 지키는 데 중요한 역할을 했다. 과학 기술이 발달하지 않고 안정되지 않은 사회에서 가장 믿을 만한 것은 가족이며, 건장한 아들은 특히 안전에 매우 중요했다. 의식주와 안전 문제 때문에 건장한 아들 없이는 부모가 어려움을 겪을 수밖에 없었다. 따라서 농경 사회에서는 아들이 매우 중요했으며, 아들이 없으면 입양을 해서라도 아들을 두고자 했다.

셋째, 부모가 늙고 병들면 자녀들은 부모가 죽을 때까지 간호하고 보살펴 주었다. 의학과 의료 시설이 발달하지 않고 복지가 발달하지 않은 사회에서 유일하게 의지할 수 있는 곳은 가족이었던 것이다.

넷째, 가족 관계를 강화하고 사랑의 욕구를 충족시키는 데 있어서 자녀의 역할은 중요했다. 자녀들이 있음으로 해서 부모의 관계가 더욱 친밀해질 수 있고, 자녀들로 인하여 존중과 사랑의 욕구를 충족할 수 있었다. 대부분의 시간을 가족과 함께 지낼 수밖에 없었던 농경 사회에서 자녀는 소속과 사랑의 욕구를 충족시키는 데 반드시 필요한 존재일 수밖에 없었다.

이상과 같이 노동하여 의식주를 해결하고, 가족의 안전을 지키고, 가족 관계를 강화하고, 사랑의 욕구를 충족시키고, 부모를 부양하고, 입신양명하여 부모의 자존감을 높이는 것 등이 농경 사회에서의 자녀의 주요 역할이라고 할 수 있다. 즉 매슬로우가 말한 인간 욕구 중에서 1, 2, 3, 4단계 욕구를 만족시키는 데 자녀는 절대적으로 중요했으며, 특히 아들은 없어서는 안 될 존재였다. 농경 사회의 대표적인 철학인 유교는 이 같은 농경 사회의 현황과 가족의 필요성을 잘 말해준다.

그러나 지식 정보화 사회인 현대 사회에서는 가족의 역할이 크게 적어졌다. 자녀들은 부모의 노후를 돌보지 않는다. 부모의 안전을 책임져주지도 않는다. 부모가 늙고 병들었을 때 자녀들이 보살펴주는 일도 거의 없다. 자녀들이 가정의 화목에도 큰 도움이 되지 않는다. 아이들이 어렸을 때는 가정에 활력소가 되지만, 중학생만 되면 부모와 얘기도 별로 하지 않으며, 대학생이 되면 대부분 집에서 떠나고 만다. 여전히 자녀가 가족 관계를 강화하는 데 중요한 역할을 하긴 하지만, 농경 사회에 비하면 그 역할이 현저하게 작아졌다.

따라서 현대 사회에서 자녀의 가치는 크게 떨어졌다. 아이들이 화목한 가정을 만드는 데 약간의 도움이 될 뿐 부모의 인생에 별로 영향을 주지 않는다. 오히려 아이를 양육하는 데 많은 시간이 소요되어 부모에게 큰 짐이 된다. 바로 이와 같이 자녀가 부모의 인생에 도움이 안 되는 사회로 바뀌었기 때문에 아이를 낳지 않으며 결혼을 거부하고 혼자 사는 것이다. 혼자 살아도 행복하기만 하고, 자녀가 없어도 사는 데 전혀 문제가 없는 사회가 바로 현대 사회이다.

자녀의 가치에 대한 농경 사회와 현대 사회 비교

항목	농경 사회	현대 사회
자녀가 부모를 부양하는가?	그렇다	아니다
자녀가 안전에 도움이 되는가?	그렇다	전혀 아니다
자녀가 노후에 보살펴 주는가?	그렇다	아니다
자녀들이 가정의 화목에 도움이 되는가?	그렇다	조금 그렇다
자녀들이 가문을 잇고 제사를 지내는가?	그렇다	중요도가 떨어지고 가능성도 감소한다
자녀가 출세하면 부모에게 도움이 되는가?	그렇다	조금 그렇다

현대 사회에서는 자녀의 가치가 크게 하락했다. 가족이 없어도, 배우자가 없어도, 자녀가 없어도 살아가는 데 문제가 없다. 이것이 가족의 해체, 결혼 기피, 저출산의 근본 원인이다.

근대 가족의 특징	현대 가족의 특징
가내 영역과 공공 영역의 분리	가내 영역과 공공 영역의 분리 강화
가족 구성원들 사이의 강한 정서적 관계	가족 구성원들 사이의 강한 정서적 관계 약화
자녀 중심주의	본인 중심주의
남성은 공공 영역, 여성은 가내 영역의 성 분별업	성적 분별 약화
가족의 집단성 강화	가족의 집단성 약화
사교의 쇠퇴	사교의 증가
비 친족의 배제	비 친족 관계 강화, 친족 관계 약화
남편이 가족을 통괄	여편이 가족을 통괄
가족은 국가의 기초 단위	개인은 국가의 기초 단위

참조 : 『근대 가족의 성립과 종언』

3. 의식주의 해결

　우리나라의 인구는 고조선 시대부터 조선 시대까지 큰 변화가 없었다. 대략 300만 명 정도였던 것으로 추정된다. 나라가 안정되고 풍년이 들면 인구가 크게 증가했다가 흉년이 들거나 전쟁이 일어나면 크게 감소하는 일이 반복되었다. 특히 식량은 가장 중요하여 전쟁이나 질병이 없어도 식량 부족으로 인구는 증가할 수 없었다. 그러던 중 세종 대왕 시대에 들어서 인구가 4배나 증가했다. 농사 기술이 발달하여 수확이 급증하자 인구가 크게 늘어난 것이다. 조선 시대에 얼마나 식량이 부족했었는지 짐작할 수 있다. 조선 시대가 이러했을진대 그 이전 시대는 말할 필요조차 없을 것이다.

　먼 옛날이 아닌 필자가 어렸을 때인 1960년대만 해도 식량 문제는 심각했다. 하루 세 끼 모두 밥을 먹는 집이 드물었다. 영양실조로 얼굴이 창백한 사람도 흔히 볼 수 있었다. 학교에서는 미국에서 원조받은 옥수수로 만든 빵을 나누어 주기도 했다. 마을에서는 겨울이면 일이 없어 어른들이 빈둥대기 일쑤였다. 먹고 대학생이라는 말도 있었다. 대학교를 나와도 취직할 곳이 없었기 때문이다. 박정희 대통령의 바람은 '국민들이 하루 세 끼 쌀밥을 먹는 것'이라고 했다. 이처럼 먹고 사는 문제가 심각했었다.

　요즘에도 먹고 살기 어렵다고 하는 사람들이 있다. 하지만 옛날 원시 시대와는 비교할 바가 못 된다. 원시 시대에 인간을 가장 괴롭힌 것은 식량이었다. 식량을 구하기 위하여 남자들은 집단을 이뤄 사냥을 하고, 여자들은 식물을 채취하고 조개를 잡았다. 또한 식량 자원이 고갈되면 식량을 찾아 다른 곳으로 이동했다. 아프리카에서 누우 떼가 새로운 풀을 찾아 끊임없이 이동하는 것처럼 인간도 그렇게 할 수밖에 없었다.

농경 사회에서는 곡식을 재배하고 식량을 저장할 수 있어 정착 생활을 할 수 있었다. 하지만 여전히 식량은 부족했으며, 여자는 토지를 소유한 힘 있는 남자들에게 종속될 수밖에 없었다. 즉 여자는 원시 사회에서나 농경 사회에서나 남자들에게 의지하여 살 수밖에 없었다. 원시 사회에서는 대규모 집단이 떠돌아다니며 생활했기 때문에 집단에 소속된 반면, 농경 사회에서는 토지를 소유한 남성에게 소속되었다.

산업 사회에서는 가족 구성원의 일이 다르고 같이 일할 필요도 없기 때문에 대가족이 흩어지게 되었다. 자녀들은 일을 찾아 도시로 떠나 새로운 가정을 꾸리게 되었다. 그 결과 핵가족화가 진행되었다. 산업 사회에서 사람들은 직업을 자유로이 선택할 수 있게 됨으로써 토지로부터 벗어날 수 있었다. 하지만 여전히 노동력이 우수한 남성이 사회의 주도권을 갖고 있었다.

많이 배우고 똑똑한 사람이 유리한 현대 사회에서는 토지도 필요 없고 남자에게 의지할 필요도 없어졌다. 현대 사회에서는 여자들이 남자들보다 불리한 점이 없다. 적어도 먹고 사는 데는 그렇다는 것이다. 취업하기 어렵다고 하지만 의지만 있다면 얼마든지 취업하여 경제적으로 자립할 수 있다. 현대 사회는 오히려 꾸준하게 공부할 줄 모르고 좌충우돌하는 남자들보다 여자들에게 유리한 세상이다.

이제 적어도 여자들은 먹고 사는 것 때문에 남자에게 의존할 필요는 없다. 원시 사회 때부터 여성은 남성에게 의식주를 의존해왔는데, 1990년대 들어 더 이상 의존하지 않아도 되게 되었다. 가장 기본적인 인간의 욕구를 남성에게 의존하지 않고 스스로 해결할 수 있게 된 것이다. 이것은 매우 중요한 변화이다. 이 변화는 여성의 남성과 자녀에 대한 의존도를 낮추게 되었고 가족에 대한 필요성을 감소시켜 저출산을 일으키는 주요 원인이 되었다.

현대 사회에서도 배우자의 덕목으로서 여성은 남성의 경제력을, 남성은 여성의 매력을 최우선으로 고려한다. '결혼은 사업' 이라고 말하기도 한다. 즉 여성은 의식주를 안정적으로 해결하기 위한 목적으로 결혼을 하는 성향이 아직도 남아 있다. 그런데 사회 변화에 의하여 남성에게 의존하지 않고 경제적인 문제를 해결할 수 있게 되면서 남성에 대한 필요성이 크게 감소했으며, 이것이 결혼 기피와 저출산을 일으키게 되었다.

우리나라 인구의 변화

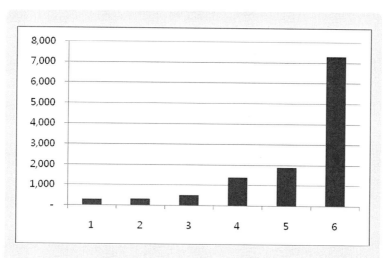

1900년대 들어 식량 증산과 서양 의학, 방역의 도입으로 인구가 크게 증가했다. 이 중에서도 과학 기술의 도입에 따른 식량 증산이 인구 증가의 가장 큰 원인이다.

한일 남녀가 원하는 배우자의 조건은?

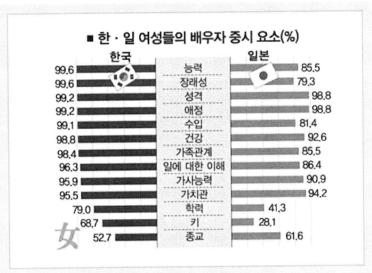

■ 한·일 여성들의 배우자 중시 요소(%)

한국	항목	일본
99.6	능력	85.5
99.6	장래성	79.3
99.2	성격	98.8
99.2	애정	98.8
99.1	수입	81.4
98.8	건강	92.6
98.4	가족관계	85.5
96.3	일에 대한 이해	86.4
95.9	가사능력	90.9
95.5	가치관	94.2
79.0	학력	41.3
68.7	키	28.1
52.7	종교	61.6

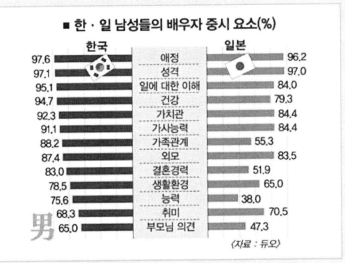

■ 한·일 남성들의 배우자 중시 요소(%)

한국	항목	일본
97.6	애정	96.2
97.1	성격	97.0
95.1	일에 대한 이해	84.0
94.7	건강	79.3
92.3	가치관	84.4
91.1	가사능력	84.4
88.2	가족관계	55.3
87.4	외모	83.5
83.0	결혼경력	51.9
78.5	생활환경	65.0
75.6	능력	38.0
68.3	취미	70.5
65.0	부모님 의견	47.3

〈자료 : 듀오〉

출처 : 〈듀오〉, 한국과 일본의 24~33세 미혼 남녀 500명씩을 대상으로 조사

배우자의 조건으로 여성은 남성의 경제력, 남성은 애정을 가장 중요한 조건으로 고려한다. 여성의 경제적 자립이 가능해진 오늘날에도 여성들은 경제적 안정을 위하여 결혼하려는 경향이 있다.

4. 안전 문제의 해결

나의 어머니는 여자 형제만 다섯이었다. 외할아버지는 딸들을 모두 시집 보내고 양자를 들여 모든 재산을 물려주었다. 현대 사회에서는 있을 수 없는 일이지만, 조선 시대에는 다른 집에서도 딸에게 재산을 물려주는 경우는 드물었다. 딸도 충분히 농사를 지어 경제적으로 자립할 수 있는데 그렇게 하지 않았다. 물려주어도 지킬 수 없었기 때문이었다. 남자가 없는 경우 도둑이 많이 들고 권력 있는 사람이 재산을 빼앗아 갔기 때문이다.

임진왜란 때 우리나라 사람의 절반이 죽었다. 대부분은 전쟁으로 죽은 것이 아니라 굶어 죽었다. 전쟁으로 치안이 확립되지 않은 상태에서 농사를 지어봐야 조선군이 가져가든지 일본군, 의병, 도둑, 깡패 등이 가져가기 때문에 아무도 어렵게 농사를 지으려 하지 않았다. 그 결과 국민의 절반이 굶어 죽은 것이다. 큰 전쟁 시에는 이 같은 일이 반복되었다. 이와 같이 사회적 안전은 잘살기 위한, 경제 활동을 위한 매우 중요한 전제 조건이다.

현대 사회도 마찬가지다. 살인 사건이 빈번하고 관리가 재산을 빼앗아 가며, 깡패가 폭행을 일삼고 도둑이 기승을 부린다면 아무도 일하려 들지 않아 모두가 매우 가난해질 수밖에 없다.

다행스럽게도 현대 사회는 매우 안전하다. 가끔 끔찍한 살인 사건이나 연쇄살인 사건이 일어나 현대 사회는 범죄가 많고 불안하다고 생각하곤 한다. 하지만 현대 사회는 생각과 달리 매우 안전하다. 유럽의 통계를 보면 100년 전 살인률이 현재보다 100배 이상 높았다. 이것으로 미루어 볼 때 옛날에는 살인과 강도, 도둑과 싸움질도 많은 불안한 사회였음을 짐작할 수 있다. 이러한 사실은 유럽의 여러 소설에서 잘 볼 수 있다. 찰스 디킨스의 소설 〈올리버 트위스트〉를 보면 1800년대 영국 사회가 얼마나 엉망이고 불안했는지 잘 알 수 있다. 우리나라도 사극을 보면 옛 시대가 더 불안하고 살인 사건도 더 많았음을 짐작할 수 있다.

안전은 크게 물리적 안전과 경제적 안전으로 나눌 수 있다.
인간의 물리적 안전을 위협하는 것들은 다음과 같다.
첫째, 맹수 – 호랑이, 사자, 곰, 늑대, 표범 등
둘째, 질병 – 콜레라, 천연두, 흑사병 등
셋째, 자연 재해 – 홍수, 혹서, 혹한, 가뭄 등
넷째, 사람 – 강도, 도둑, 깡패, 살인자, 방화범, 사기꾼 등
다섯째, 전쟁

경제적 안전을 위협하는 것들은 다음과 같다.
첫째, 원시 사회, 농경 사회에서의 식량 부족
둘째, 현대 사회에서의 가난과 고용의 불안정

1) 물리적 안전

① 맹수로부터의 해방

우리나라 조선 시대에는 착호군이라는, 호랑이를 잡는 특수 부대가 있었다. 고려 시대 장수인 강감찬 장군의 전기를 보면 관직에 나가 첫 번째 이룬 업적이 호랑이를 소탕한 것이라고 되어 있다. 『조선왕조실록』에 보면 1524년 착호군이 호랑이 19마리를 잡았다는 기록이 있다. 공자님 이야기에도 호랑이에게 죽은 사람 이야기가 나오고, 많은 다른 옛날 이야기에도 호랑이 이야기가 나온다. 일제 시대 때도 23년간 호랑이 141마리, 표범 1092마리를 잡았다는 기록이 있다. 1915년부터 1942년 사이에 호랑이에게 36명, 표범에게 39명의 사람이 죽었다고 한다. 1915년에는 113명이 늑대에게 죽었다고 한다. 이를 통해서 볼 때 늑대에게 가장 많은 사람이 죽었으며, 그 다음은 표범, 호랑이 순으로 추정된다. 인간은 지구 상에 생겨난 이후 맹수에게 수없이 죽었을 것이다. 하지만 호랑이는 1933년에 우리나라에서 전멸됐으며, 표범과 늑대도 비슷한 시기에 없어졌을 것으로 생각된다.

원시 사회에서 인간은 어렵게 맹수로부터 안전을 지켰다. 영화에서 보는 것처럼 마을 주변에서 망을 보고 맹수가 오면 피하거나 쫓아냈다. 밤에는 집에만 틀어박혀 있었다. 하지만 인간이 총을 만들고 난 뒤부터 맹수는 더 이상 인간에게 위험이 되지 못했다. 결국 인간은 1930년 경에 맹수로부터 안전을 확보한 셈이다.

② 자연 재해로부터의 해방

옛날에는 왕의 주요 임무 중의 하나가 치산치수였다. 홍수가 큰 문제였음을 짐작할 수 있다. 20년 전만 해도 큰 비가 오면 안양천이 범람하고 지방 하천이 무너져 집이 침수되거나 태풍으로 사람들이 죽는 경우도 있었다. 특히 1973년에는 안양천의 둑이 무너져 많은 이재민이 발생했다. 그 결과 안양천 주변에 살던 사람들이 대규모로 신림동과 탑동으로 이주하는 일이 벌어지기도 했다. 필자의 고향인 예산에서도 70년대에 삽교천 제방이 범람하여 넓은 예당 평야가 물에 잠긴 적이 있다. 여름이면 수재민 돕기가 연중 행사였다. 하지만 요즘에는 홍수와 관련된 뉴스가 없다. 안양천 범람도 없고, 태풍으로 죽은 사람도 없다. 홍수 방제 시설이 잘되어 있는 데다 일기예보를 통해 사람들이 미리 피할 수 있도록 하기 때문이다.

혹서와 혹한도 인간에게는 커다란 위협이었다. 문익점이 목화를 들여오기 이전에 우리 선조들은 겨울이 되면 야외 생활을 할 수 없었다고 한다. 추위를 막아줄 좋은 옷이 없었기 때문이다. 비단은 보온성이 매우 좋지만 너무 비싸 서민들이 입을 수는 없었다. 하지만 현재는 아파트와 같은 좋은 집과 좋은 냉난방 시설 및 의복이 잘 발달하여 혹한과 혹서를 거의 의식하지 못하며 지내게 되었다. 이와 같이 과학 기술의 발달로 인간은 자연 재해로부터 해방될 수 있게 되었다.

③ 질병으로부터의 해방

이광수의 전기를 보면 동네에 호열자(콜레라)가 창궐하여 많은 사람들이 죽고 부모님도 호열자로 죽었다는 이야기가 나온다. 또한 옛날에 전쟁터에서 죽은 병사의 90% 이상이 전염병으로 죽었다고 한다. 이처럼 전염병은 인간에게 큰 위험이었다. 하지만 그토록 무섭던 호열자를 무서워하는 사람은 이제 없다. 내가 어렸을 때 마마를 앓은 흔적인 곰보 얼굴을 종종 볼 수 있었는데, 그 무섭던 천연두도 이미 지구 상에서 자취를 감춘 지 오래다. 그 밖의 무서운 전염병도 이미 정복된 지 오래다.

많은 어린아이의 목숨을 앗아간 홍역도 이제는 누구도 대수롭게 생각하지 않는다. 대부분의 무서운 전염병이 정복되자 이제 크게 무섭지도 않은 신종 플루를 가지고 전 세계가 호들갑이다. 산업혁명 이후 과학 기술의 급속한 발달로 인간은 대부분의 전염병과 질병에서 해방되었다.

④ 사람으로부터의 안전

사람은 친구이기도 하면서 때로는 가장 무서운 적이 되곤 한다. 그 때문에 한밤중에 시골 길이나 숲을 지날 때 동물보다 사람을 만나는 것이 더 무섭다. 농경 사회와 원시 사회는 지금보다 안전하지 못했다. 그래서 항상 주변을 경계했다. 어렸을 때 동네에 낯선 사람이 나타나면 동네 사람들이 경계하고 긴장하는 것을 보았던 기억이 생생하다. 이러한 일은 지금도 경험할 수 있다. 미국이나 독일의 부자 동네에서 할 일 없이 배회하면 주민들이 곧바로 신고하여 경찰이 나타난다. 원시 사회에서는 더했을 것이다. 항상 마을 주변을 경계하고 낯선 사람이 나타나면 체포하여 심문했을 것이다.

이미 서술한 바와 같이 지식 정보화 사회인 현대 사회는 범죄로부터 매우 안전하다. 이러한 안전은 주로 과학 기술의 발달에 의해서 획득되었다.

첫 번째 안전 도구로 전등을 들 수 있다. 전등이 없던 시절에는 밤에 거의 밖으로 나가지 않았다. 이웃집에 놀러 가는 경우는 있었으나 마을을 벗어나는 경우는 매우 드물었다. 하지만 요즘에는 도시 구석구석까지 전등이 켜져 있어 우리가 밤낮 구분 없이 안전하게 돌아다닐 수 있게 되었다.

전등은 1806년 데이비라는 사람이 최초로 발명했다. 1831년에 패러데이가 발전기를 발명하고, 1879년에 에디슨 또한 전등을 발명했다. 그

후 1906년에 오슬람에서 전등을 발명했는데, 이 전등이 전 세계에 널리 보급되었다. 이후 전등이 골목길을 밝혀 줌으로써 안전에 많은 향상을 가져오고, 사람들은 밤낮 구분 없이 생활할 수 있게 되었다.

그 다음의 안전 도구는 휴대폰을 들 수 있다. 휴대폰은 우리가 위험에 처했을 때 연락을 취할 수 있고, 위치를 추적할 수 있으며, 통화 기록이 남아 있어 누구와 통화했는지 알 수 있어 안전 도구로서 매우 유용하다. 휴대폰은 전신에서 시작되었다. 1844년에 전신, 1861년에 유선전화가 발명되었다. 또 1864년에는 맥스웰이 전자 기파를 발견하고, 1897년에는 마르코니가 무선 통신을 발명했다. 우리가 매일 이용하고 있는 휴대폰은 모토로라가 1983년에 상용화했으며, 우리나라에서는 1986년에 처음 사용되었다.

우리에게 세상 소식을 알려주는 라디오는 1897년에 알렉산더 포포프가 발명한 것으로 1920년에 처음 방송이 시작되었다. 우리나라에서 라디오 방송이 시작된 것은 1927년이었다. TV는 1929년에 영국 BBC가 최초로 방송을 시작했으며, 미국에서는 1930년, 우리나라는 1956년에 시작했다. 라디오와 TV는 세상의 위험 요인과 정보를 알려줌으로써 범죄에 대처하고 예방하는 데 많은 도움이 되었다.

요즘 범죄 예방의 일등 공신은 바로 CCTV이다. 요즘에는 집안에서도 CCTV를 통하여 집 밖을 감시할 수 있도록 되어 있다. 어디에나 CCTV가 있다. 우리가 오늘 하루 서울 시내를 돌아다니면 CCTV를 100번 이상 만나게 될 것이다. 맨 먼저 엘리베이터 안에서, 다음은 아파트 밖에 설치된 CCTV, 다음은 버스, 지하철, 은행, 건물 입구, 골목길 등 어디나 CCTV가 설치되어 있다. CCTV 기록으로 범인을 잡고 이것을 TV를 통해 홍보하기 때문에 CCTV는 범인을 잡는 데 매우 유용할 뿐만 아니라 범죄 예방에도 매우 유효하다.

CCTV보다 더 중요한 안전 도구는 바로 디지털이다. 현대 사회는 많은 것이 기록으로 남는다. 내가 보낸 이메일, 내가 들어갔던 인터넷 사이트, 돈 거래 내역, 전화통화 내역, 버스 탄 시각, 지하철 탄 시각 등등 나도 모르는 사이에 나에 대한 많은 것들이 기록되고 있다. 그래서 요즘 사회를 '만인에 의한 감시사회'라고 한다. 오늘 정운찬 총리 후보에 대한 청문회가 있었는데, 청문회에서 나왔던 이슈 중에는 본인도 모르거나 의식하지 못한 상태에서 행했던 것들도 있을 것이다. 하지만 디지털이 우리의 모든 것을 기록하고 있다. 오늘 필요가 있어 주민등록 초본을 떼었다. 평생 옮겨 다닌 23개의 주소가 나열되어 있었다. 기억조차 나지 않는 곳도 있었다. 본인이 의식하지 못하는 순간에도 모든 것을 기록하는 것이 바로 디지털이다. 디지털은 모든 것을 기록함으로써 범인을 잡아내고 범죄를 예방한다. 대부분의 사람들은 이제 세상에는 비밀이 없다는 것을 잘 안다. 그래서 범죄를 저지를 생각조차 갖지 않는다. 이게 바로 디지털의 힘이다. 현대 사회에서 범죄를 저지르는 사람은 정말 바보이다. 강도든 도둑이든, 사기를 치든 뇌물을 받든 현대 사회에서는 모두 잡히게 되어 있다. 이런 사회에서 범죄를 저지르는 사람은 바로 저능아 그 자체이다.

이러한 디지털은 바로 우리가 매일 사용하는 컴퓨터에 의해서 시작되었다. 컴퓨터의 기원은 주판이다. 첫 번째 컴퓨터는 1642년 프랑스의 파스칼에 의하여 만들어진 톱니바퀴를 이용한 기계식 계산기였다. 1883년에는 영국의 뱁비지(Babbage)가 기억, 연산, 제어 및 입출력 기능을 가진 현대식 계산기를 고안했다. 최초의 현대식 컴퓨터인 전자식 계산기 ENIAC은 1946년에 미국의 에커트(Eckert)와 모츨리(Mauchly)에 의해 발명되었다. 그 후 컴퓨터는 빠른 속도로 발전을 거듭하여 오늘날과 같은 디지털 사회를 구축하게 된다.

그 다음의 안전 도구는 잘 발달된 집이라고 할 수 있다. 옛날에는 마음만 먹으면 남의 집에 들어갈 수 있었다. 그냥 허술한 담만 넘으면 되었다. 하지만 요즘 남의 집 아파트에 들어갈 수 있을까? 특수부대 요원이 아니고서는 쉽지 않은 일이다. 그것도 들키지 않으면서 말이다.

이와 같이 과학 기술의 발달로 인하여 사람들은 범죄로부터 해방될 수 있었다. 현대 사회는 100년 전과 비교하여 살인율 1% 이하의 역사상 가장 안전한 사회이다.

⑤ 전쟁으로부터의 안전

옛날에는 동서양 할 것 없이 전쟁이 끊이지 않았다. 요즘도 일부 지역은 전쟁 중이지만 옛날에 비하면 전쟁이 크게 줄었다.

전쟁이 감소한 첫 번째 이유는 국가간의 교역과 교류를 들 수 있다. 서로 필요한 것을 주고받음으로써 전쟁의 필요성이 많이 줄어든 것이다. 또한 교류를 통하여 관계를 강화함으로써 전쟁을 방지할 수 있게 되었다.

국가간의 교류보다 더 중요한 이유는 무기의 발달이다. 미국 사람이나 일본 사람은 매우 친절하기로 유명하다. 미국 사람들이 친절한 것은 사람들이 총을 소지하고 있기 때문이다. 불친절하고 화나게 하면 집에서 총을 가져와 쏠 수도 있기 때문이며, 실제 이와 같은 일이 자주 벌어지고 있다. 일본 사람들이 친절한 것도 옛날에 사무라이들이 사람들을 죽일 수 있었기 때문이다. 국가간에도 동일하다. 현대의 무기는 그 위력이 대단하다. 따라서 전쟁이 일어나면 피해가 엄청나다. 핵무기는 말할 것도 없고 미사일, 대포, 전투기 등 가공할 무기들이 많다. 지금 전 세계에 있는 무기는 지구에 있는 모든 인간을 1000번 죽이고도 남을 만큼 많을 것이다. 따라서 전쟁을 일으키면 양측 모두 큰 피해를 볼 수밖에 없다. 그래서 어느 나라도 쉽게 전쟁을 일으키지 못한다. 작은 나라나 북한처럼 위협을 느끼는 나라가 핵무기 개발에 열을 올리는 것도 같은 이유다. 핵무기를 갖고 있으면 기타 군사력에서 뒤져도 다른 나라가 쉽게 건드리지 못하기 때문이다. 사극에서 보는 것처럼 요즘도 칼과 화살로 싸운다면 아마 남한과 북한 사이에는 끝없는 전쟁이 있었을 것이다. 그러나 과학 기술과 산업의 발달로 전쟁이 크게 감소하게 된 것이다.

2) 경제적 안전

원시 사회에서 인간의 환경은 매우 열악했다. 맹수와 질병, 전쟁, 자연 재해 등으로 살기가 매우 어려웠다. 삶의 여건이 나빠 평균 수명은 25세도 안 되었을 것이다. 그런데 이렇게 열악한 원시 사회에서 인간을 가장 괴롭게 한 것은 바로 식량이었다. 한 지역에서 과일과 짐승 등의 먹을것이 사라지면 새로운 먹이를 찾아 끊임 없이 떠돌아다녀야 했다. 누우 떼를 쫓아 다니는 사자와 같이 계속 먹이를 찾아다녀야 했다. 식량이 떨어지면 찾을 때까지 계속 굶는 수밖에 없었다. 오랜 동안 굶주리다 먹이를 찾으면 폭식을 하고, 또 굶주리고 굶어 죽는 생활이 계속되었다.

농경 사회에 들어서 인간이 농사를 짓기 시작하면서 식량이 크게 증가했다. 정착 생활로 집에서 거주할 수 있게 되었고, 이동에 따른 위험이 크게 감소했다. 하지만 농사를 통하여 얻는 식량에는 한계가 있어 여전히 식량은 부족했다. 따라서 농경 시대의 전 세계 인구는 6억 명을 넘지 못했다. 조선 시대의 인구도 조선 초기에 320만 명 정도였으며, 현종 시대(1669년)에 들어 겨우 500만 명을 넘었다. 농경 시대에 인구를 제한하는 절대적인 요소는 전쟁도 질병도 아닌 식량이었다.

산업혁명으로 과학 기술이 발전하면서 식량 생산에 큰 변화가 일어났다. 농약으로 병충해를 막을 수 있었던 것도 하나의 이유이지만, 보다 큰 이유는 비료의 발명이다. 식물이 성장하려면 탄소, 산소, 수소, 질소, 인산, 칼륨 등을 필요로 한다. 그런데 탄소, 산소, 수소는 공기와 물에서 쉽게 흡수하지만, 단백질을 생성하는 데 절대적으로 필요한 질소는 대기 중의 78%를 차지함에도 불구하고 흡수할 수가 없다. 식물이 질소를 흡수하기 위해서는 반응성이 높은 암모니아 같은 다른 화합물의 형태로 되어 있어야 한다. 하지만 질소는 300 기압의 고압과 200~300°C의 고온에서 암모니아로 변하는데, 지구 상에 이 같은 조건은 거의 없기 때문에 암모니아로 변하지 않는다. 콩과 식물의 뿌리에 사는 뿌리혹박테리아 같은 미생물만이 상온과 1기압의 조건에서 질소 화합물을 만들 수 있다. 따라서 소출을 높이기 위해 거름을 주거나 윤작을 한다든지, 객토를 하거나 콩을 섞어 심어 소출을 높였으나 근본적으로 질소 화합물이 부족하여 식량 증산에는 한계가 있었다. 하지만 독일의 프리츠 하버(Fritz Haber)가 암모니아 비료를 개발함에 따라 곡물 생산이 크게 증가하게 되었다. 이렇게 질소 비료의 발명과 그에 따른 식량 증가로 전 세계 인구는 1800년대에 6억에서 2010년 68억으로 10배 이상 증가했다. 우리나라도 서구 과학 기술의 도입으로 조선 시대 500만에서 1910년 1400만, 2010년 7300만 명으로 인구가 크게 증가하게 되었다.

지식 정보화 사회인 현대 사회에서는 우리나라 총생산에서 농업이 차지하는 비율이 5%도 안 되고, 대부분의 사람이 2,3차 산업에 종사하여 생계를 해결한다. 그로 인해 건강한 신체와 지식만 있으면 세계 어디에서도 먹고 살 수 있게 되었다. 경제적 안전을 용이하게 확보할 수 있게 된 것이다.

여전히 고용 불안으로 인한 경제적 불안정성이 존재하지만 농경 사회에 비하면 경제적 안전은 크게 향상되었다. 특히 전문직, 공무원, 공공 기관, 대기업에 근무하는 사람들의 안정성은 매우 높아 평생 먹고 사는 문제를 걱정할 필요가 없어졌다.

이렇게 과학 기술의 발달과 사회 제도의 발달로 현대 사회는 물리적으로, 경제적으로 매우 안전한 사회가 되었다. 인간의 가장 기본적 욕구인 안전 문제가 해소된 것이다. 그로 인해 여성은 안전을 목적으로 남성이나 가족, 자녀들을 더 이상 필요로 하지 않게 되었다.

이처럼 사회의 변화에 따라 여성은 먹고 사는 문제를 독자적으로 해결할 수 있게 되었으며, 안전 문제에도 구애 받지 않게 되었다. 그러므로 사람들은 이제 사랑에 대한 욕구와 존중 받고 싶은 욕구, 자아실현 욕구에 집중하게 되었다.

범죄로부터 인간을 지켜주는 전등

1806년 데이비에 의해 최초로 발명된 이후 사람들의 안전을 지켜주고 있다.

인간 수명의 변화

시대	평균 수명
고려 시대 귀족	40세
고려 시대 왕	42세
15~18세기 프랑스인	25세
19세기 서유럽인	37세
20세기 초 미국인	45세
1926년 한국인	33.7세
1970년 한국인	61.9세
2008년 한국인	80.1세

과학 기술과 사회 제도의 발달로 질병과 범죄 등의 위험 요소로부터 벗어나게 되었으며, 이로 인하여 인간의 수명이 크게 길어졌다.

초식동물 vs 육식동물

안전을 지키기 위하여 초식동물은 무리를 지어 산다. 안전을 위협 받지 않는 맹수는 혼자 또는 소규모로 산다. 물리적 안전과 경제적 안전을 위하여 무리를 지어 살던 인간은 과학 기술과 사회 제도의 발달로 안전을 확보함에 따라 부족집단〉씨족집단〉 대가족〉핵가족〉개인으로 가족의 단위가 줄어들게 되었다. 초식동물의 위치에서 맹수 의 위치로 변화함에 따라 집단 거주의 필요성이 감소했기 때문이다.

5. 사랑의 욕구

　원시 사회에서는 사람들이 집단으로 살았다. 집단이 몇 명으로 구성되었는지는 경우에 따라 다를 것이다. 위험이 적은 지역에서는 소수가 무리 지어 생활했을 것이고, 전쟁을 하거나 위험한 지역에서는 많은 사람들이 같이 생활했을 것이다. 사람들은 그 집단 속에서 정을 나누고 사랑을 했을 것이다. 집단 생활에서는 집단의 이익과 규율, 전통이 우선하기 때문에 개인적인 사랑에 대한 욕구는 매우 제한될 수밖에 없었다. 하지만 집단 생활로 안전과 식량을 확보했기 때문에 개인적인 욕구가 제한되는 상황에서도 집단에 대한 소속감은 매우 컸을 것이다.

　농경 사회에서 생활의 범위는 가족과 친족, 동네 사람들이었을 것이다. 특히 가족은 낮에는 함께 일을 하고 밤에는 집에서 함께 지내는 등 평생 대부분의 시간을 같이 보냈을 것이다. 따라서 가족과의 유대감은 매우 크고, 무엇보다도 가족은 너무나 소중한 존재였을 것이다. 생활도 개인보다는 가족 전체의 안위를 우선시했다. 부모님 세대를 생각해 보면 쉽게 이해할 수 있다. 그분들은 개인적인 생활이 거의 없었던 것으로 기억된다. 하루 종일 들에서 일하고 집안일하고 자식들 돌보는 것이 전부였다.

　하지만 현대 사회에서는 생활이 개인적인 것으로 크게 바뀌었다. 나의 가족의 경우, 아내와 딸은 아침에 허겁지겁 일어나 아침을 먹는 둥 마는 둥 하고 서둘러 일터로 간다. 아내는 직장으로, 딸은 학교로 간다.

아들은 학교 기숙사에 있어서 집에 있지도 않다. 저녁 늦게 아내도 딸도 집에 들어온다. 같이 저녁을 먹는 둥 마는 둥 하고 각자 자기 방으로 들어간다. 이런 생활이 매일 반복된다. 다른 집도 마찬가지일 것이다. 가족간의 정과 유대감이 많이 떨어질 수밖에 없다. 이것은 각자의 일이 다르고 관심사도 다르며 공통점이 적어 같이 보내는 시간이 적기 때문이다.

그 반면 우리의 관계 범위는 많이 넓어졌다. 학교에서 친구도 사귀고, 회사에서 동료와도 친하게 지내며, 동호회에 가입하여 같은 취미를 나누기도 한다. 마음에 맞는 사람과는 더욱 친밀하게 지낼 수도 있다. 교통의 발달로 먼 곳에 있는 사람과도 친하게 지낼 수 있다. 다른 지방에 있는 사람과 친하게 지내기도 하고, 외국인과도 친구 관계를 맺는다. 이렇게 하여 사랑의 욕구에 대한 가족의 역할은 작아지고 사회가 많은 부분을 대신하게 되었다. 이렇게 현대 사회에서는 인간의 셋째 욕구인 사랑에 대한 가족의 기여도가 현저하게 낮아졌다. 의식주 문제, 안전 문제뿐만 아니라 세 번째 욕구인 사랑에 대해서도 가족이 큰 역할을 하지 못하게 된 것이다.

애완동물과 인간

2010년 4월 4일 일요일 아침에 집을 나서는데 30대로 보이는 아름다운 여인이 아이를 가슴에 꼭 안고 산책을 하고 있었다. 그런데 옆을 지나면서 자세히 보니 그것은 아이가 아니라 아이만 한 개였다. 개가 아이를 대신하고 있었다. 애완동물은 많은 비용이 들지 않고 구속하지 않으며, 선택이 자유로우면서도 현대 사회에서 부족하기 쉬운 애정의 욕구를 쉽게 채워주기 때문에 점점 더 유행하고 있다.

6. 존중과 자아 실현에 대한 욕구

　이제 현대 사회에서는 가족이 없이도 생리적 욕구를 쉽게 충족할 수 있다. 안전 문제는 사회에서 이미 다 해결했다. 가족은 사랑의 욕구를 충족하는 데 여전히 매우 중요하지만 예전보다는 중요도가 떨어지고 사회에 다른 대체재가 매우 많다.

　넷째 욕구인 존중의 욕구에 대한 가족의 기여도도 크게 감소했다. 한 분야에서 성과를 이루거나 높은 지위에 오르고 돈을 많이 버는 것이 존중 받는 가장 일반적인 방법일 것이다. 성과를 이루거나 높은 지위에 올라가고 돈을 잘 벌려면 열심히 노력하고 사회적으로 성공해야 한다. 이렇게 하려면 대부분의 시간을 본인에게 투자해야 한다. 오랜 기간 교육을 받아야 하고 업무에 매진해야 한다. 대학교까지 졸업하고도 10년은 한 곳에 집중해야 어느 정도 성공할 수 있다. 이와 같은 상황에서 시간을 뺏는 가족은 도움이 되기보다는 오히려 방해가 되기 십상이다. 특히 집안일의 대부분을 담당하고 있는 여성에게는 더욱 방해물이 되기 쉽다. 의욕이 넘치는 젊은이가 결혼을 미루고 아이를 안 낳는 것은 당연하다.

　자아 실현에 대한 욕구 또한 마찬가지이다. 부모의 자아 실현에 가족이 도움되는 경우도 있겠지만, 대부분의 경우 오히려 방해가 된다. 하고 싶은 일에 시간을 쏟아야 하는데 가족이 있으면 그만큼 시간을 빼앗긴다. 따라서 현대의 가족은 부모가 자존의 욕구를 채우는 데 큰 도움이 안 된다. 그 때문에 결혼과 출산을 기피하곤 한다. 특히 자아성취 욕구가 강한 중산층의 알파 걸, 골드 미스에게 결혼과 가족은 계륵 같은 것일 수밖에 없다. 행복한 가정을 꾸리고도 싶지만 그에 따른 구속이 걱정된다. 어느 정도 성취를 이루고 짝을 만나면 어느덧 30대 중반 또는 40이 된다. 아이 하나 낳아 기르기도 벅찬 나이가 된다.

이러한 시대의 변화는 젊은 학생들이 더 잘 안다.

1970~1980년대에는 대부분 여학생들의 장래 희망이 '현모양처'였다. 하지만 요즘 여학생들에게 물어보면 많은 학생들이 '평생 독신으로 살면서 하고 싶은 일 하며 살 겠다'라고 한다. '현모양처'라고 말하는 학생은 없다. 공부를 잘하는 학생에게 물어보면 '혼자 살면서 유명한 학자가 되겠다'고 한다.

이제 인간의 다섯 가지 모든 욕구를 충족하는 데 가족의 역할이 크게 떨어졌음을 알았다. 농경 사회에서 행복하게 사는 데 절대적으로 필요했던 가족이 현대 사회에서는 필요 없어지고 오히려 방해된다. 인간은 지극히 이기적이어서 자신에게 이익이 되면 취하고 해가 되면 피한다. 저출산은 가족이 인간, 특히 여성에게 이익이 되지 않음으로써 생기는 지극히 자연스런 현상이고 거스를 수 없는 시대의 흐름이다.

제2장

저출산의 배경

1. 결혼 제도

앞에서 살펴본 바와 같이 이제 자녀들은 부모의 노후를 부양하지 않으며 안전을 지키지도 않는다. 사랑을 나누는 데는 가족이 여전히 중요하지만, 가족 밖에서도 어렵지 않게 대체할 수 있다. 자존의 욕구를 충족하는 데도 자녀는 크게 도움이 안 된다. 자아 실현의 욕구에도 자녀는 전혀 도움을 못 준다. 많은 시간이 자녀에게 소요된다. 하고 싶은 일은 많은데 아이들 때문에 못 한다고 많은 엄마들이 불평한다. 자녀가 대학에 들어가면 그동안 하고 싶었던 것 하겠다고들 한다. 이것이 현실이다. 즉 자아 실현에 자녀는 방해물이다. 이처럼 자녀가 부모의 인생에 주는 가치가 크게 감소했다. 특히 여자들의 인생에 더욱 도움이 안 되는 경우가 많다. 따라서 여자들은 결혼을 기피하고 아이를 안 낳는다. 특히 경제적으로 독립할 수 있는 여성의 경우는 더욱 그렇다.

남녀가 부부 관계를 맺고 국가나 종교 기관 등에 의해 법적, 사회적 공인을 받는 행위를 결혼 또는 혼인이라고 한다. 부부는 성적으로 배타적 독점권을 갖고, 모은 재산에 대해서도 공동 소유를 원칙으로 한다. 이를 통해 사회를 구성하는 기초 단위인 가정을 형성하고 출산, 양육을 통해 종족 보존의 기능도 수행한다. 따라서 모든 사회가 형식은 달라도 혼인을 인정하고 장려하며, 이에 대한 법적 규제나 장려책을 마련해 놓고 있다. 사회 유지와 존속을 위한 인류 보편의 생존 형태인 셈이다.

농경 사회에서 이와 같이 만들어진 결혼에 대해 현대인들은 왜 결혼하려 하는지 인터넷에서 조사해봤다.

- 아이를 낳으려고
- 정신적 안정을 얻기 위하여
- 경제적인 이익을 위하여
- 성적 욕구 해소를 위하여
- 사랑하는 사람과 같이 있기 위하여
- 아침밥을 꼬박꼬박 먹기 위하여
- 장 보러 갈 때 혼자 가기 싫어서

하지만 어느 답변도 결혼의 진정한 이유가 되지 못한다. 현대 사회에서 아이는 별로 필요하지 않으며 결혼하지 않아도 아이를 낳을 수 있다. 유럽에서 사생아 비율이 40%를 넘은 것이 이것을 증명한다. 외로우면 애인을 사귈 수도 있고, 친구를 사귈 수도 있으며, 동호회에 가입하여 사람들과 어울릴 수도 있다. 물론 부부보다야 못하겠지만 어느 정도는 외로움을 달랠 수 있다. 가난한 사람은 부유한 배우자를 만나 경제적 문제를 해소할 수 있지만, 대부분 비슷한 사람끼리 만나기 때문에 결혼은 가난한 사람에게 도움이 안 되는 경우가 많다. 부자가 경제적인 이유로 결혼이 필요한 건 더욱 아니다. 성적 욕구 해소 역시 결혼하지 않아도 얼마든지 가능하다. 이성 친구를 사귀든지 동거를 하든지 할 수 있을 것이다.

농경 사회에서는 결혼하여 가정을 꾸리지 않고는 생존 자체가 어려웠다. 반면에 현대 사회에서는 결혼을 반드시 해야 할 이유를 찾기 어렵다. 현재의 결혼 제도가 없어질 수밖에 없는 이유이다.

우리나라 미혼 여성 비율 변화

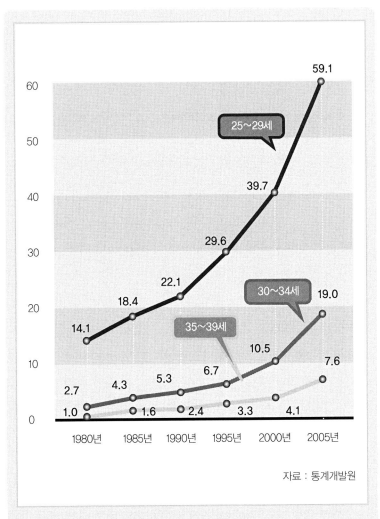

자료 : 통계개발원

출처 : 〈연합뉴스〉, 2009년 10월 11일

미혼 여성의 비율이 계속 증가하고 있다. 특히 25~34세 여성의 미혼율이 급격하게 증가하고 있다. 머지 않아 아무도 결혼하지 않는 사회가 될 것이다.

25~34세 서울 여성의 미혼율 변화

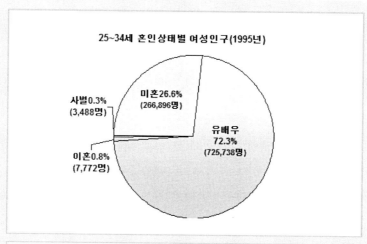

25~34세 혼인상태별 여성인구(1995년)

사별 0.3%
(3,488명)

미혼 26.6%
(266,896명)

유배우
72.3%
(725,738명)

이혼 0.8%
(7,772명)

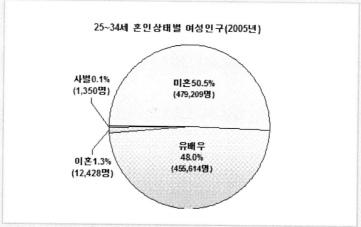

25~34세 혼인상태별 여성인구(2005년)

사별 0.1%
(1,350명)

미혼 50.5%
(479,209명)

유배우
48.0%
(455,614명)

이혼 1.3%
(12,428명)

출처 : 〈서울시, e-서울통계〉 5호

25~34세 여성의 미혼율은 50.5%로 1995년(26.6%) 대비 23.9% 증가하여 서울의 주 출산 연령층 여성 2명 중 1명은 혼인하지 않고 있는 것으로 나타났다.

2. 결혼하지 않는 이유

우리나라에서 저출산의 가장 큰 원인 중의 하나는 많은 사람들이 결혼하지 않는 것이다. 결혼한 부부들은 평균 1.5명의 아이를 낳는다. 문제는 점점 더 많은 사람들이 결혼하지 않고 있으며, 결혼의 필요성을 못느낄 뿐 아니라 오히려 결혼에 따른 불이익이 많다고 느낀다는 것이다.

이 같은 결과는 결혼하지 않는 이유에 대한 미혼 남녀 조사에 잘 나타나 있다. 미혼 여성 10명 중 3명은 결혼보다 일에 더 열중하기 위해 결혼하지 않는다. 미혼 남성 절반 가량은 경제적 부담 때문에 자녀가 없어도 된다고 생각하는 것으로 나타났다.

2004년 한국개발연구원(KDI)이 펴낸 인구 고령화의 파급 효과와 대응 과제에 대한 협동연구 자료에 따르면 미혼 여성들의 26.2%는 '나의 일에 더 열중하기 위해' 결혼 계획이 없는 것으로 조사됐다. 또 미혼 여성의 24.4%는 결혼하지 않는 이유로 '결혼해야 한다고 생각하지 않기 때문'이라고 응답했고, 다음으로 '경제적 기반 부족'(20.1%), '상대방에게 구속되기 싫어서'(9.8%), '결혼으로 인한 책임 부담'(9.3%), '결혼은 여성에게 불리'(4.4%), '기타'(5.9%) 등을 꼽았다. 미혼 남성의 경우 결혼 계획이 없는 이유로 35.7%가 '경제기반 부족'을 꼽아 여성보다 결혼 후 경제적인 책임에 대해 큰 부담을 느끼는 것으로 조사됐다. 미혼 남성은 또 결혼 계획이 없는 이유로서 '나의 일에 더 열중하기 위해'(21.4%), '결혼해야 한다고 생각하지 않기 때문'(14.8%), '결혼으로 인한 책임 부담'(8.6%), '상대방에게 구속되기 싫어서'(6.5%), '기타'(11.4%) 등을 꼽았다. 연구원은 특히 여성의 경우 결혼 계획이 없는 이유로 '상대방 구속', '결혼에 대한 책임', '결혼 제도의 불합리성' 등 결혼 자체에 대한 문제(총 23.5%)가 남성(16.7%)보다 높게 나타나고 있는 점도 주목해야 한다고 덧붙인다.

이와 함께 미혼자들은 결혼 후 자녀가 없어도 된다는 이유에서도 차이를 보였다. 남성은 45.5%가 '경제적 부담'을 우선적으로 꼽았고 다음으로 '부부의 애정만으로도 충분'(41.6%), '아이를 좋아하지 않음'(5.6%), '내 일을 하는 데 부담'(5.1%) 등의 순이었다. 여성은 자녀가 없어도 되는 이유로 43.6%가 '부부의 애정만으로 충분하기 때문'이라고 응답했고, 다음으로 '경제적 부담'(38.1%), '내 일을 하는 데 부담'(12.3%), '아이를 좋아하지 않음'(3.8%) 등이었다.

이와 같이 현재의 결혼 제도는 젊은이들의 욕구를 충족시키지 못하고 오히려 행복을 제한하는 요소로 간주되고 있다. 또한 결혼한 상태에서만 출산을 하도록 하여 저출산의 원인이 되기도 한다. 현재의 결혼 제도는 현대 사회에 맞지 않으며 젊은이로부터 외면 받아 역사 속으로 사라질 수밖에 없다.

3. 혼외 출산

유럽에서는 혼외 출산이 점점 증가하여 40%를 넘었다. 프랑스는 50%를 넘는다고 한다. 이제 유럽에서는 결혼에 큰 의미를 두지 않는다.

직장 동료였던 독일 여자 이야기다. 독신이냐고 물었더니, 독신인지 결혼했는지는 관심도 없고 모른다고 했다. 단 어떤 남자와 한 집에서 살고 있다고 했다. 그 후 아이를 낳았다. 결혼을 했는지 안 했는지는 모른다고 했다. 단 한 아이의 엄마이고 어떤 남자와 한 집에서 살고 있다고 했다.

이제 유럽 사람들은 살다가 마음에 드는 사람 만나면 같이 살고 싫어지면 헤어진다. 이미 유럽에서는 결혼의 의미가 없어졌고, 결혼 제도는 유명무실해지고 있다. 북미와 남미 국가들도 마찬가지이다. 미국도 혼외 출산이 40%를 넘었으며, 일부 남미 국가들도 40%를 넘었다.

하지만 우리나라는 아직 다르다. 얼마 전 허수경 씨가 홀로 아이를 출산했을 때 많은 사람들이 비난했다. 허수경 씨는 비난 받거나 사회 이슈화 되는 것을 피하기 위하여 서둘러 잠적했다. 이처럼 우리나라에서는 결혼하지 않고 아이를 낳으면 다른 사람들이 안 좋게 생각하기 때문에 아이를 낳지 않는 경향이 있다. 보수적인 유럽 국가에서도 마찬가지이다. 가톨릭 국가인 이탈리아나 스페인은 혼외 출산을 안 좋게 보기 때문에 혼외 출산이 적고, 다른 유럽 국가보다 출산율이 낮다. 농경 사회에서는 결혼 제도가 출산을 촉진했지만, 현대 사회에서는 결혼 제도가 오히려 출산을 방해하고 있다.

하지만 우리나라에서도 변화는 이미 시작되고 있다.

2008년 우리나라 신생아의 98.2%가 혼인 중의 자녀이며, 혼인 외의 신생아는 1.8%이다. 유럽 대부분 국가의 혼외자의 자녀 비중이 40%를 넘고 프랑스는 50%가 넘는 것을 고려하면 이 수치는 매우 낮은 것이다. 유럽은 현재의 결혼 제도가 이미 그 가치를 상실하여 유명무실하지만, 우리나라는 현재의 결혼 제도가 견고함을 알 수 있다. 하지만 우리나라도 혼인 외의 자녀가 차지하는 비중이 계속 증가하고 있다. 이 비중은 계속 증가하여 결국에는 100%에 도달할 것이다. 즉 현재와 같은 결혼 제도는 머지 않아 사라질 것이다.

법적 혼인 상태 별 출생 추이 (단위: 천 명, %)

		2000	2001	2002	2004	2005	2007	2008
출생아 수	계	632.8	553.1	488.4	469.3	432.2	491.1	463.8
	혼인 중의 자	627.3	547.8	483.2	463.2	425.7	483.3	455.4
	혼인 외의 자	5.5	5.3	5.2	6.1	6.5	7.8	8.4
구성비	계	100.0	100.0	100.0	100.0	100.0	100.0	100.0
	혼인 중의 자	99.1	99.0	98.9	98.7	98.5	98.4	98.2
	혼인 외의 자	0.9	1.0	1.1	1.3	1.5	1.6	1.8

출처 : 통계청

우리나라도 혼외 출산 비율이 늘어남을 볼 수 있다. 머지 않아 혼외 출산이 일반화 되면서 현재의 결혼 제도가 붕괴될 것이다.

4. 결혼의 역사

결혼의 형태는 역사 단계와 각 사회의 종교적·경제적·민족적 요소에 따라 많은 차이가 있다. 미국의 문화인류학자 루이스 헨리 모건은 『고대 사회』(1877)라는 저서를 통해 결혼 제도의 변천을 처음으로 과학적으로 정리했다. 이 책에 따르면 원시 사회는 군혼(群婚)·집단혼의 사회였다. 가족, 결혼 같은 개념 이전에 본능이 지배하고 성 관계도 종족 보존이 최우선 목표였다는 것이다.

그 후 원시농업 사회로 넘어가면서 대우혼(對偶婚)이 생겨났다. 대우혼이란 기본적으로 남녀 1대 1의 관계이지만, 그 주기가 짧아 남녀 모두 평생 기준으로 1 대 다수의 관계를 맺는다. 이 시기는 남성이 수렵, 여성이 농업을 담당하는 모계 사회이다.

고대 사회에 접어들면서 농업의 발전과 잦은 전쟁으로 인해 남성이 사회 주도권을 잡는 부계 사회로 전환한다. 농업의 발전과 전쟁은 필연적으로 커다란 빈부 격차를 가져왔다. 그러자 여성은 가난한 남자의 부인이 되는 것보다 부자의 둘째 부인이 되는 것을 선택한다. 이렇게 빈부 격차에 따른 경제적인 이유로 일부 다처제가 형성되면서 부계 상속을 위해 남편은 아내의 정절을 요구한다. 중세로 넘어오면서 아내는 정절을 지키는 대신 그 반대 급부로 남편에게 정처(正妻)로서의 지위를 요구하면서 일부 일처제가 성립되고, 이것이 보편적인 혼인 제도로 자리잡게 된다.

오늘날 근친혼 금지, 일부 일처제, 법적 결혼제도 등이 사회적 규범으로 자리잡은 데는 경제적 요인이 크게 작용했다. 가장 먼저 생겨난 근친혼 금지에 대해 많은 학자들은 우생학이나 윤리 의식보다는 사회·경제적 요인에서 원인을 찾는다. 프랑스의 인류학자 레비 스트로스는 혼인을 '인류가 생각해낸 가장 위대한 교환 제도'라고 평가했다. 우생학이나 윤리가 생기기 이전 시대에 이미 자신이 속한 부족의 딸들을 인근 부족들과 우호 관계를 맺을 수 있는 커다란 교환 가치를 갖는 존재로 보았다는 것이다.

이상과 같이 결혼은 주로 경제적 요인에 의하여 이루어졌다. 100년 전만 하더라도 여자는 혼자 살 수 없었다. 부모가 딸에게 많은 재산을 물려주어도 도둑과 힘 있는 계층의 약탈을 막을 수가 없었기 때문이다. 따라서 결혼하지 않고는 살 수가 없었다. 하지만 이제 여성은 경제적으로 남성에 뒤지지 않는다. 현대 사회에서는 지식이 경쟁력의 핵심이며, 여성은 지식의 측면에서 남성보다 유리하다. 인간 역사상 처음으로 여성이 경제적으로 자립할 수 있게 된 것이다.

아직도 '결혼은 사업이다'라고 말하면서 경제적 목적으로 결혼하는 여성들이 있지만, 점점 더 많은 여성이 더 이상 경제적 이유로 결혼할 필요는 없어졌다. 경제적인 이유로 탄생한 결혼 제도이기 때문에 경제적인 이유가 소멸함에 따라 없어지는 것은 당연하다. 현재의 결혼 제도에 종말이 올 수밖에 없는 이유이다. 적어도 심각한 변화를 맞을 수밖에 없다.

결혼 제도의 변화

시대	가족 형태	결혼 제도	동인
원시 사회	집단	집단혼	식량, 안전
목축,원시 농업 사회	집단	대우혼	식량, 안전
농경 사회	대가족	일부일처 일부다처 일처다부	식량
산업 사회	핵가족	일부일처	식량
현대 사회	1인 가구	동거, 대우혼, 비혼	사랑, 자존, 자아 실현

5. 일부일처 제도

유대교나 기독교에 뿌리를 두고 있는 문화권에서는 일부 일처제를 당연한 것으로 여긴다. 일부 일처제는 이처럼 종교적인 것으로부터 출발하여 시민사회의 법률로 받아들여졌다. 사회주의적 질서를 도입하고자 했던 사회들 또한 남성과 여성이 동등한 권리를 누려야 한다는 명목으로 일부 일처제를 받아들였다.

전 세계적으로 대부분의 국가가 일부 일처제를 채택하고 있는 것처럼 보인다. 그러나 인구가 아닌 문화의 수를 기준으로 세계를 관찰한다면, 전체 문화의 95%가 일부 다처제나 일처다부제이다. 인구로 보면 일부 일처제가 우위에 있긴 하지만, 문화의 수로 보면 일부 일처제 문화는 명백히 소수다. 일부 다처제는 대부분 성적인 관점보다는 식량 문제가 심각한 곳에서 나타난다. 이와 같이 일부일처의 결혼 제도는 생리적인 본능에 의해서 만들어진 것이 아니라 필요에 의해 만들어졌음을, 특히 경제적인 요소가 가장 큰 영향을 미쳤음을 알 수 있다. 사회가 바뀜에 따라 현재의 일부일처 제도도 얼마든지 소멸할 수 있음을 짐작할 수 있다.

결혼 제도에 대하여 원시 시대부터 생각해 보자. 영화에서 보면 원시 시대에 어떻게 살았는지 상상할 수 있다. 남자들은 사냥과 전쟁을 하고, 여자들은 집안일과 아이 돌보기를 하며 집단으로 살았다. 원시 시대에 일부일처란 없었다. 일부일처로는 살 수가 없었다. 부부와 몇 명의 아이들로 이루어진 가족으로는 생존이 불가능했기 때문이다. 식량을 구하는 것도 어렵고 안전을 지키는 것도 어려웠기 때문에 집단으로 살 수밖에 없었다. 그 후 대우혼, 일부다처를 거쳐 현재와 같은 일부 일처제가 정착되었다.

이러한 일부일처 제도는 여러 가지 장점이 있다. 첫째, 아이의 부모가 확실하여 아이를 잘 돌볼 수 있다. 둘째, 배우자를 독점하므로 평생 배우자를 찾아 헤매며 다닐 필요가 없다. 셋째, 가족의 연대감이 높다. 넷째, 생활이나 정서가 안정적이다.

그러나 농경 사회에서 의식주를 해결하고 안전을 지키기에 적합했던 일부일처 제도가 오늘날에는 맞지 않는 부분이 있다. 적어도 여성에게는 그 필요성이 적다. 남자에게 의지하지 않아도 의식주를 얼마든지 해결할 수 있는 데다 자신의 안전을 지킬 수 있고 자녀가 필요하지도 않기 때문이다. 따라서 오늘날에 맞지 않는 일부일처 제도는 그 장점에도 불구하고 서서히 변화를 맞을 수밖에 없다.

프랑스의 학자 자크 아탈리는 『미래의 물결』이라는 책에서 "35년 내에 결혼 제도는 사라질 것"이라고 말했다. 그는 "앞으로 사회가 변화하고 투명성이 점점 더 요구되면서 한 사람이 여러 명의 파트너를 만나는 것이 점점 더 공공연해질 것이기 때문에 더 이상 일부 일처제는 무의미하다"고 말한다. 필자는 여러 명의 파트너를 만나는 것이 공공연해지기 때문이 아니라, 한 명의 특정 배우자에게 구속되고 의지할 필요가 없기 때문에 그렇게 될 것이라고 생각한다.

오늘날 우리나라는 일부 일처제를 기반으로 한 결혼 제도에 이미 금이 가고 있음을 보여준다. 연간 12만 쌍이 이혼하고 간통죄 폐지가 종종 거론된다. 결혼하지 않는 사람의 비율이 계속 높아가고 결혼 연령이 늦어진다. 이 모든 것이 일부일처 제도가 사람들로부터 거부당하고 있음을 말해 준다.

줄어드는 결혼

혼인건수 및 조(粗)혼인율

	1995	1996	1997	1998	1999	2000	2001	2002	2003	2004	2005
혼인건수(천건)	398.5	434.9	388.6	375.6	362.7	334.0	320.1	306.6	304.9	310.9	316.4
증 감(천건)	5.4	36.4	-46.3	-13.0	-12.9	-28.6	-14.0	-13.5	-1.6	6.0	5.4
증감률(%)	1.4	9.1	-10.7	-3.3	-3.4	-7.9	-4.2	-4.2	-0.5	2.0	1.7
조 혼 인 율*	8.7	9.4	8.4	8.0	7.7	7.0	6.7	6.4	6.3	6.4	6.5

* 인구 1천명당 건

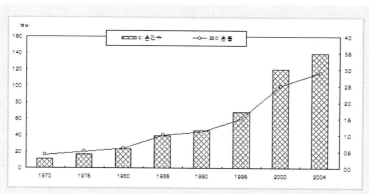

출처 : 통계청, 〈인구 동향과 Mission Magazine〉, 2006년 3월 31일
결혼은 계속 감소하여 아무도 결혼하지 않는 사회가 올 것이다.

늘어나는 이혼

출처 : 통계청, 〈세계와 한국의 인구 동향〉, 2005년 7월
결혼이 감소함에 따라 이혼은 더 이상 계속 증가하지는 않을 것이나 높은 수준을 유
지할 것이다. 현재의 결혼 제도가 현대 사회에 맞지 않음을 말해 준다.

6. 사회복지 제도

　우리는 빈부 격차가 작고 각종 연금으로 노후를 보장해 주는 복지국
가를 최고의 선진국 모델이자 우리가 지향해야 할 국가로 생각한다. 물
론 맞는 말이다. 빈부 격차 없이 죽을 때까지 경제적으로 어려움 없이
사는 삶을 모두가 바랄 것이다. 하지만 모든 것에는 양면이 있듯이 사회
복지 제도에도 부작용이 있다.

　사회복지 제도는 농경 사회에도 있었다. 그러나 그것이 본격적으로
발달하게 된 계기는 산업혁명이다. 산업혁명 이전에는 모두가 가난했
기 때문에 빈부 격차가 크지 않았다. 소수의 부자 귀족과 성직자, 대다
수의 가난한 평민이 있었을 뿐이다. 변화는 산업혁명으로 시작되었다.
산업이 발달하고 자본이 축적되기 시작하면서 자본이 일부 자본가에게
집중되었다. 그러자 빈부 격차가 크게 확대되고 사회적 갈등이 심화되
었다. 빈부 격차의 반동으로 1847년 칼 마르크스가 공산주의자 동맹을
창건하고 1848년 "공산당 선언"을 발표했다. 블라드미르 레닌은 마르
크스 이론을 바탕으로 하여 1917년 10월 소련에 공산주의 정권을 세운
다. 이후 소련은 폴란드, 루마니아, 헝가리, 체코를 공산화하고, 유고슬
라비아와 알바니아에서는 자생적으로 공산 정권을 수립하게 된다.

　이렇게 소련의 공산화 이후 동유럽이 공산화되기 시작하자 불안을 느
낀 서유럽 국가들은 가난한 사람들이 불만을 갖지 않도록 하기 위하여
사회복지 제도를 만들기 시작했다. 거기에 더하여 민주주의가 발달하

고 국민들이 투표권을 갖게 되면서 정부는 국민의 표를 얻기 위해 사회복지 제도를 강화해 나갔다. 이렇게 만들어진 유럽의 사회복지 제도는 매우 발달되어 대부분의 국가에서 GDP의 40% 이상을 걷어들여 분배한다.

오늘날 공산국가는 대부분 없어졌지만 한번 만들어진 사회복지 제도는 선진 복지국가의 표상으로 확고하게 자리잡아 서민들의 노후를 든든히 받쳐 주고 있다. 우리나라도 마찬가지여서 우리나라의 서민 대부분은 국민연금과 개인연금에 의존하여 노후를 보낼 것이다. 젊은 사람의 경우도 마찬가지일 것이다. 수십 년 직장을 다니면 국민연금을 받을 수 있고, 거기에 보험 등을 더하면 노후에 살아가는 데 별 문제가 없다고 생각할 것이다. 집이 있고 매달 200만 원 정도만 있으면 부부가 사는 데 큰 어려움이 없을 것이다. 이와 같이 연금은 자녀들의 경제적인 도움 없이도 노후를 살 수 있도록 해준다.

유럽의 경우를 보자. 유럽은 우리보다 연금이 더 많고 의료비도 정부에서 지원해 준다. 그러므로 집만 있으면 노후를 보내는 데 아무런 문제가 없다. 자녀들에게 전혀 의지하지 않아도 되는 것이다.

농경 사회에서 자녀를 갖는 가장 큰 목적이 바로 노후 보장이었는데, 각종 사회보장 제도가 자녀 대신 노후를 지켜준다. 사회보장 제도가 자녀의 필요성을 저하시키는 것이다. 저출산 국가를 보면 한결같이 사회보장 제도가 잘 발달된 나라이거나 공산주의 영향을 받은 국가들이다. 대표적인 저출산 대륙인 동유럽, 서유럽, 캐나다, 러시아 등은 사회보장 제도가 발달했거나 분배 위주의 전형적인 국가들이다. 얼마나 부유한가 하는 것보다는 사회보장 제도와 분배 정책이 저출산의 가장 큰 원인이 되고 있다.

대표적인 예가 북한이다. 굶어 죽는 사람이 많을 정도로 가난한 북한의 2008년 출산율은 1.85밖에 안 된다. 남미에서도 출산율이 가장 낮은 나라는 공산국가인 쿠바(1.49)이다. 자녀가 있어도 부모에게 도움이 안 되고 국가가 노후를 보장해 주면 아이를 낳지 않는다. 반면에 소득이 높아도 빈부 격차가 큰 나라는 출산율이 높다. 중동 국가들이 그 대표적인 예이다. 일반적으로 사회보험이나 양로원 같은 공적인 복지 제도가 없는 나라에서는 가족 체계가 훨씬 광범위하며 견고하다. 가족 체계를 통해 서로서로 지원을 주고 받아야 하기 때문이다. 당연히 가족 체계를 견고히 하기 위해서는 아이를 많이 낳게 된다.

유럽 국가들이 완벽한 복지를 하겠다면서 국민들에게 제시한 슬로건이 있다. '요람에서 무덤까지'(영국 노동당), '가족을 대체한다' 등이 그것이다. 말 그대로 요람에서 무덤까지 국가가 책임진 결과 가족이 사라지고 있는 것이다.

빈부 격차를 해소하고 인권을 신장하며 사회 안정을 위하여 만들어진 각종 사회복지 제도가 바로 저출산을 유발하고 있다. 모든 것은 과하면 부족함만 못하다. 복지국가가 우리 모두의 이상이라는 데는 의심의 여지가 없지만, 그 부작용도 고려하여 운영해야 할 것이다.

국가별 국민 부담률 (2005년)

유럽 국가	오스트리아	벨기에	덴마크	프랑스	노르웨이	스웨덴	이탈리아
비율(%)	42.1	45.4	50.3	44.1	43.7	50.7	41

타 대륙 국가	한국	일본	캐나다	미국
비율(%)	25.5	27.4	33.4	27.3

유럽 국가는 타 대륙 국가에 비하여 국민 부담률이 매우 높다.

캐나다의 사회복지 제도

의료보험	모든 의료 행위는 국가 의료보험 프로그램을 신청한, 캐나다에 거주하고 있는 모든 사람에게 무료 이용의 혜택을 주고 있음
사회구제 보호금	기본 생계를 조달하지 못하는 개인이나 가장에게 수혜
실업보험	고용주와 피 고용주의 기여 및 연방정부에 의한 기금 운영 직업 소개, 보충 훈련, 재훈련
연금	모든 근로자에게 퇴직 후 기본 연금을 제공할 목적으로 실시되는 제도 수혜 대상 : 모든 근로자에게 퇴직 후 기본 연금을 제공할 목적으로 실시되는 제도로서, 수혜 대상은 캐나다에서 10년 이상 거주한 65세 이상의 퇴직자 또는 퇴직 전에 불구가 된 근로자들이다.
가족 수당	자녀들에 대한 수당 (17세 미만)
노인 연금	일정 기간의 캐나다 거주 요건을 충족시킨 65세 이상의 영주권자에게 지급되는 연금 제도로서, 18세 이후 10년에서 40년 이상 캐나다에 거주한 영주권자가 혜택 받을 수 있다. 노인 연금 또는 보장된 소득 부가 수혜 및 공, 사 양로시설 이용이 가능하다.

출처 : 고려이주개발공사

캐나다의 사회복지 제도는 잘 발달되어 있어 죽을 때까지 사는 데 큰 어려움이 없다. 가족은 가족수당을 받는 데 필요할 뿐이다.

7. 여성 시대

  '여성 시대'라는 방송 프로그램이 있다. '여성 시대'라는 노래도 있다. 우리나라 정부에는 '여성부'라는 것도 있다. 바야흐로 여성 시대가 도래했다. 역사상 처음 있는 일이다.

  인간이 생겨난 이후 여자들은 남자에게 의지하여 살아왔다. 먹고 사는 문제와 안전 문제 때문에 남자에게 의지하여 살 수밖에 없었다. 남자들은 사냥하고 안전을 지키며, 여자들은 곡식을 채취하고 아이들을 돌보며 집단으로 살았다. 집단으로 사는 것이 식량을 구하고 안전을 지키는 데 적합했기 때문에 그랬을 것이다. 남성도 마찬가지이지만 특히 여성은 힘이 약하기 때문에 집단을 떠나서는 생존 자체가 어려웠다.

  농경 사회에서도 힘 있는 남자들이 토지를 소유했기 때문에 여성들은 남자에게 의지할 수밖에 없었는데, 그것이 결혼이라는 형태로 나타난 것이 아닌가 생각된다.

  하지만 지식 정보화 사회인 현대 사회에서는 여자가 남자에게 의지할 필요가 없어졌다. 경제적인 면에서 남자보다 불리할 것이 없으며 안전에도 문제가 없다. 반면에 남자들은 생리적으로 여자를 더 필요로 하며 정서적으로도 여자보다 불안하고 취약하다. 이제 남자는 경제적으로 여자보다 나은 것이 없으며, 안전을 지키는 데도 전혀 쓸모 없다. 무뚝뚝한 남자는 정서적 욕구를 만족시키는 데 있어서 여자보다 못하다. 오히려 문제만 많이 일으킨다. 아이들의 경우도 마찬가지다. 필자 주위에 고등학교 중퇴자가 셋이 있는데 모두 남학생이다. 어려운 사회 생활도 아닌 학교 생활에 부적응하는 학생들 대부분이 여학생이 아니라 남학생이다. 남자가 여자보다 나을 게 없는 세상이 바로 현대 사회이다. 그래서 사람들은 이제 딸을 선호한다. 이제 남자들의 세상은 끝났다. 세상이 완전히 여성 시대로 바뀌었다. 농경 사회에서는 여자들이 남자를 필요로 했으나, 현대 사회에서는 남자들이 여자를 더 필요로 한다. 이에 따라 여자의 가치가 남자보다 더 올라갔다. 그 결과로 출생 성비가 크게 떨어졌다. 1990년 116.5였던 출생 성비가 2008년에는 자연 성비인 106.5로 낮아졌다. 10년 전만 해도 초등학교에 여학생 짝이 없는 남학생이 많아 사회 문제가 되었었는데, 이제 그런 뉴스가 사라진 지 오래다. 여자의 가치 상승에 따라 여아선호는 사회에 큰 변화가 오기 전까지 아주 오래 지속될 것이다. 남아선호 사상이라는 말은 이제 역사책에서나 볼 수 있게 되었다.

여성 시대는 필연적으로 여성의 독립을 낳는다. 여성의 독립은 비혼(非婚)과 저출산을 의미한다. 우리나라에 있는 '여성부'는 인권 신장이라는 이름으로 여성의 독립을 더욱 조장한다. 이미 여성의 권한이 실질적으로 남성보다 높은데 무슨 '여성부'란 말인가!

공무원 채용시험 전체 합격자 및 여성 합격자 비율 (단위 : 명, %)

연도	행정고시	비율	외무고시	비율	사법시험	비율	7급행정·공안직	비율	9급행정·공안직	비율
1998	182	23.1	30	16.7	700	13.3	75	12.0	910	21.3
2000	203	25.1	30	20.0	801	18.9	560	16.6	2,709	37.4
2003	223	31.8	28	35.7	906	21.0	500	23.0	1,587	50.8
2005	216	44.0	19	52.6	1,001	32.3	575	27.7	1,968	44.9
2006	233	44.6	25	36.0	994	37.7	991	25.4	2,398	47.5
2007	251	49.0	31	67.7	1,011	35.0	641	33.1	2,522	45.5
2008	242	51.2	35	65.7	1,005	38.0	1,049	32.7	3,058	45.0

출처 : 행정자치부,〈행정자치통계연보 각년도〉, 중앙인사위원회, 행정안전부

행정고시, 외무고시 합격자의 반 이상이 여성이다. 이미 여성 시대가 도래했다.

성별 가구주 추이 (단위 : 천 가구, 천 명, %)

연도	가구	여성 가구주	남성 가구주	여성 가구주 비율
1980	1990	1995	2000	2005
2008	2009	7,969	11,355	12,958
14,312	15,971	16,673	16,917	1,169
1,787	2,147	2,653	3,467	3,689
3,749	6,801	9,568	10,811	11,659
12,504	12,984	13,168	14.7	15.7
16.6	18.5	21.7	22.1	22.2

출처 : 통계청, 〈2009 통계로 보는 여성의 삶〉, 2009년 7월

2009년 총 가구 수는 1,691만7천 가구이며, 그 중 여성이 가구주인 가구는 374만9천 가구로 총 가구의 22.2%를 차지한다. 여성 가구주 가구는 지속적으로 증가하여 1980년의 3.2배, 1990년보다는 2배 이상 증가했다. 총 가구 중 여성 가구주의 비율 또한 1980년 14.7%, 2000년 18.5%, 2009년 22.2%로 계속 증가 추세에 있다. 2009년 여성이 가구주인 가구 374만9천 가구를 혼인 상태 별로 구분해 보면 사별이 41.0%로 가장 높으며, 미혼 23.6%, 유배우 18.2%, 이혼 17.2% 이다. 사별의 비중은 줄어드는 반면에 미혼 및 이혼 상태의 여성 가구주 비율이 계속 증가하고 있다. 여성 시대가 이미 도래했음을 잘 말해 준다.

출산 순위별 출생 성비 (단위: 여아 100명 당 남아 수)

	1990	1998	1999	2001	2002	2003	2005	2006	2007	2008
총 출생 성비	116.5	110.2	109.6	109.1	110.0	108.7	107.8	107.5	106.2	106.4
첫째 아	108.5	106.0	105.6	105.5	106.5	104.9	104.8	105.7	104.5	104.9
둘째 아	117.1	108.1	107.5	106.4	107.3	107.0	106.5	106.0	106.0	105.6
셋째 아	189.5	145.0	142.0	140.4	140.1	135.5	128.0	121.9	115.3	115.8
넷째 아 이상	209.5	155.3	155.3	152.6	153.2	149.6	132.4	121.9	119.1	123.9

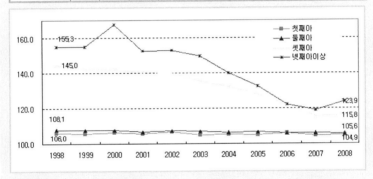

출처: 통계청

2008년 출생 성비(여아 100명 당 남아 수)는 106.4로 2007년에 이어 정상 성비
(103~107) 수준을 보이고 있다. 출산 순위별 출생 성비는 첫째 아 104.9, 둘째 아는
105.6으로 정상 성비(103~107)를 나타낸다. 하지만 셋째 아 115.8, 넷째 아 이상
123.9로 여전히 정상 성비 수준보다 높다. 아직도 남아를 선호하는 경향이 있으나
계속 완화됨을 알 수 있다. 머지 않아 남아선호는 역사 속으로 사라지고 여아선호
세상이 올 것이다.

8. 개인화 시대

　나의 사촌 형은 12대 장손이다. 그러므로 제사 지내고 산소 돌보는 일을 큰 임무로 여긴다. 약 10여 년 전까지만 해도 그런 일에 여러 친척들이 관심도 많이 보이고 모두 참여하여 별 어려움이 없었다. 하지만 세월이 가면서 점점 참여하는 사람이 줄어들었다. 한식에 오는 숫자도 줄고 벌초하러 오는 사람도 줄었다. 사촌 형은 종친회를 만들어 산소를 관리하려 했다. 처음 1~2년은 그런 대로 운영되는가 싶더니 어느새 흐지부지되고 말았다. 사촌 형은 아직도 많은 산소를 관리할 방법을 찾지만 아직 뾰족한 묘안을 찾지 못한 듯하다. 이러한 상황은 우리 집안에서만 일어나는 일이 아닐 것이다. 아마 99%의 집안에서의 상황도 비슷할 것이다.

　이러한 현상은 농경 사회에서 지식 정보화 사회, 대가족 사회에서 개인 시대로 바뀌면서 발생했다. 사촌간에도 몇 년에 한 번 보기 힘들고, 형제간에도 왕래가 뜸한 상황에서 조상과 친족의 가치는 크게 떨어질 수밖에 없다. 이제 산소와 제사도 농경 사회와 함께 수명을 다하고 있다. 그 일례로 10여 년 전만 해도 대부분 매장을 했는데, 요즘에는 대부분 화장을 한다. 사람들의 마음속에서 이미 산소에 대한 가치, 조상에 대한 가치가 사라지고 있는 것이다.

　제사와 산소뿐만 아니라 머지 않아 현재와 같은 결혼 제도도 사라질 전망이다. 농경 사회에서 안전과 식량을 확보하고 자녀를 키우기 위한 필요에 의해 결혼 제도가 만들어지고 농경 사회가 정착됨에 따라 일부 일처제가 완성되었다. 그런데 이제 세상이 바뀌어서 결혼하지 않아도, 일부 일처제로 살지 않아도 안전과 식량을 확보하는 데 어려움이 없다. 오히려 현재의 결혼 제도는 안전과 식량 이외의 사랑, 자존, 자아실현의 욕구를 충족하는 데 방해가 되기 때문에 사람들로부터 점점 외면 받고 있다.

따라서 머지 않아 현재의 결혼 제도가 사라지고 강력한 개인화 시대, 개인 위주의 시대가 온다. 부부가 가정을 이루어 살아도 좋고 혼자 살아도 아주 행복한 사회 여건이 이미 조성되었다. 안전 문제가 해결되고 먹고 사는 것도 어렵지 않으며 노후 생활도 별 문제가 없기 때문에 활발히 사회 활동을 하면서 폭넓게 교제하고 하고 싶은 일 신나게 하고 살면 되는 세상이 되었다. 이런 세상에서 가족은 있으면 좋고 없어도 상관없다. 이렇게 혼자 살기 좋은 세상에 도시화, 세계화는 개인화를 더욱 조장한다. 부부가 한평생을 같이 살려고 해도 부부의 직장이 멀리 떨어져 있으면 같이 살 수 없다. 이러한 도시화, 세계화, 개인화 추세는 세계적으로 계속될 것이다.

개인화 추세에 따라 독신 가구의 비율이 급증하고 있다. 영국의 경우 독신 가구의 비율이 50%를 넘으며, 독일 37.5%(2005년), 미국 27.3%(2006년), 일본 29.5%(2007년)에 달한다. 우리나라도 예외가 아니어서 2005년에 20%에 달했다. 2000년에 15.5%였던 것과 비교하면 독신 가구가 급속히 증가하고 있음을 알 수 있다.

개인화는 인간의 행복을 극대화하는 측면에서 바람직하다. 문제는 개인화가 혼인율과 출산율을 떨어뜨리는 데 있다. 개인화는 막을 수 없는 세계적인 추세다. 개인화 시대에 출산율을 제고할 수 있는 방법은 혼자서도 아이를 낳고 키울 수 있도록 하는 것이다. 싱글맘이 아이 낳아 키우는 일이 현재의 부부와 같이 자연스럽고 어려움이 없어야 한다. 이렇게 하기 위해서는 하루 빨리 현재의 결혼 제도를 없애거나 개선하여 혼자서도 아이 낳고 키우는 데 아무런 어려움이나 차별이 없도록 제도와 사회 여건을 개선해야 한다.

가구원수 별 일반 가구 구성비 및 평균 가구원수 추이(1985~2005) (단위 : %, 명)

	1985	1990	1995	2000	2005
계	100.0	100.0	100.0	100.0	100.0
1인	2인	3인	4인	5인	6인
7인 이상	6.9	12.3	16.5	25.2	19.5
12.4	7.2	9.0	13.8	19.1	29.5
18.9	5.9	3.8	12.7	16.9	20.3
31.7	12.9	3.8	1.6	15.5	19.1
20.9	31.1	10.1	2.4	0.9	19.9
22.2	20.9	27.0	7.7	1.7	0.6
평균 가구원수	4.09	3.71	3.34	3.12	2.88

출처 : 통계청, 〈2005~2030 장래가구 추계 결과〉, 2007년11월
1인 가구의 비율이 1995년 12.7%에서 2005년 19.9%로 증가했다. 10년 만에 7.2% 증가한 것이다. 평균 가구원수도 계속 감소하고 있다. 1인 가구는 개인화 추세에 따라 급속도로 증가할 것이다.

주요 국가의 혼인 상태 (2006년 표본조사 결과)

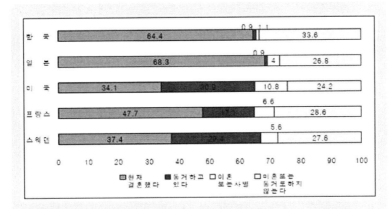

출처 : 한국보건사회연구원, 〈연구 2006-22-1〉

우리나라와 일본의 동거 비율은 낮으나, 미국과 유럽 국가의 동거 비율은 높고 결혼 비율은 낮다. 보수적인 유교의 영향으로 우리나라의 동거 비율은 낮지만, 어느 순간 동거와 개인 생활이 급속도로 증가하면서 결혼 비율이 크게 하락할 것이다. 현재의 결혼 제도가 사라지는 것은 시간 문제일 뿐이다.

9. 사회제도의 발달

나의 아버지께서 들려주신 이야기이다. 조선 시대에는 일반 농민이 아무리 열심히 일해도 잘살 수가 없었다. 열심히 일해서 재산을 모아도 힘 있는 사람이 와서 땅이나 곡식을 빼앗아가고 말았다. 그러니 일반 농민은 열심히 일할 필요가 없었다. 열심히 일해도 부자가 될 수 없었기 때문에 아무도 열심히 일하려 들지 않았다. 먼 옛날 얘기가 아니다. 바로 100년 전의 얘기다.

전쟁으로 나라가 혼란에 빠지면 많은 백성이 굶어 죽었다. 전쟁으로 치안이 불안해지면 농사를 지어도 수확을 보장받지 못하므로 농사를 짓지 않았기 때문이다. 이와 같이 치안이나 사회제도는 국민들이 잘살기 위한 기본 조건이다. 요즘에도 방송에서 비슷한 얘기를 한다. 우리나라 사람들이 법과 사회질서를 안 지키기 때문에 일년에 수조 원씩 날아간다는 것이다. 참으로 맞는 말이 아닐 수 없다.

옛 사람들도 억울한 일을 당하지 않기 위해 갖은 방법을 동원했다. 서로 도울 수 있는 친족끼리 마을을 이루어 살며 자녀를 많이 낳아 다른 사람들이 깔보지 못하도록 했다. 동네 사람들과 좋은 관계를 형성하여 어려울 때 도움 받을 수 있도록 대비했다. 또한 관직에 나가 권력을 갖기도 했다. 이러한 경향은 최근까지도 유지되었다. 어렸을 때 나의 형은 법대에 가서 판사가 되든지 육군 사관학교에 가든지 하라는 얘기를 기회 있을 때마다 들어야 했다. 안기부에라도 들어가라고 했다. 경찰대학에라도 가라고 했다. 아마 다른 집도 마찬가지였을 것이다.

　이같이 어른들이 권력에 집착하는 것은 충분히 이해가 가는 일이다. 구한말부터 사회가 불안하여 재산을 빼앗기기 일쑤이고, 아버지가 일제 시대에 징병에 끌려가 죽을 고생을 하고, 6.25전쟁에 나가 죽고, 각종 부역에 동원되고, 많은 부당한 대우를 받았기 때문이다. 권력 있는 집안이 권력과 정보를 이용하여 부당하게 각종 혜택을 독차지했기 때문이다. 억울한 일을 당하고도 호소할 곳이 없었기 때문이다. 이와 같은 시대를 경험한 사람들이라면 당연히 판사가 되거나 군인이 되어 권력을 부려 보는 것을 꿈꾸었을 것이다.

　하지만 요즘은 상황이 완전히 바뀌었다. 최고의 인재가 몰리던 육군사관학교도 이제 큰 인기가 없다. 사법고시는 여전히 인기가 있으나 권력을 위해서가 아니라 돈을 많이 벌기 위해서인 듯하다. 어느덧 권력과는 아무 상관 없지만 평생 돈 잘 버는 의사가 가장 인기 있는 직업이 된 지 오래다.

　이제 누구도 부당하게 재산을 빼앗거나 권리를 침해하는 경우는 없다. 간혹 있을 수 있지만 얼마든지 부당함을 호소할 길이 있다. 법이 있고 경찰이 있으며 인터넷에 올릴 수도 있다. 아니면 국회 앞에서 시위도 할 수 있다. 말 그대로 법 앞에 모두가 평등한 사회가 된 것이다.

　옛날에는 빼앗기지 않기 위해서, 억울한 일을 당하지 않기 위해서 가족이 필요하고 친족이 필요하며 출세할 필요가 있었다. 하지만 이제는 혼자 살아도 억울한 일을 당할 염려가 없다. 잘 발달된 민주주의와 사회제도로 인하여 개인으로서 자유를 누리며 살 수 있게 되었다. 만약 현대 사회에서도 공정하게 사람을 뽑거나 평가하지 않고 아는 사람, 특정 지역 사람, 특정 신분에게 특혜를 준다면, 정부와 기업에 부패가 만연하다면, 사람들은 열심히 일하고 실력을 쌓는 대신 자녀를 많이 낳아 정치인, 군인으로 키우고 사돈의 팔촌까지 찾아 다니며 향우회, 동창회, 종친회 등에 열성적으로 참여할 것이다. 그러나 잘 발달된 민주주의와 사회제도로 인하여 개인화 시대가 꽃 피우게 되었으며, 그 결과 결혼 기피와 저출산이 가속화되고 있다.

10. 이혼

필자가 어렸을 때 결혼은 온 동네의 경사였다. 돼지를 잡고 온갖 맛있는 음식을 준비하여 결혼 잔치를 벌였다. 결혼식 2~3일 전부터 동네 분위기가 고조되기 시작하여 결혼식 당일이 되면 아침부터 저녁 늦게까지 하루 종일 잔치가 진행되었다. 온 마을 사람들이 일을 놓고 결혼식을 같이 즐겼다. 어린아이들에게는 오랜 만에 맛있는 결혼식 음식을 먹을 수 있는 날이기도 했다. 하지만 어느 순간부터 읍내 예식장에서 30분 만에 결혼식을 해치우고 간단하게 국수 먹고 끝내더니 요즘에는 결혼식 자체가 뜸해졌다.

필자가 어렸을 때 이혼이라는 말은 들어보지도 못했다. 1980년대 들어 가끔 누가 이혼했다는 얘기를 들었다. 그 당시만 해도 이혼은 매우 안 좋은 이미지를 갖고 있어서 이혼하는 사람은 무언가 큰 문제가 있는 사람으로 여겨졌다. 이혼 당사자도 얘기하지 않을 뿐만 아니라 다른 사람도 그냥 모르는 체했다. 그러다 1990년대 중반부터 이혼이 급속도로 증가하기 시작했다. 재혼하면서 청첩장을 돌리는 경우도 나타났다. 그 당시에는 사람이 참 뻔뻔하다는 느낌도 들고 한편으로 시대가 바뀌었다는 생각도 들었다. 이제는 누가 결혼을 하건 이혼을 하건 일상생활에서 얼마든지 있을 수 있는 일로 대수롭지 않게 여기는 시대가 되었다.

이런 변화는 통계에도 잘 나타나 있다. 우리나라의 혼인율은 1991년에 9.4로 최고를 기록한 이후 계속 하락하여 2003년에는 6.3으로 최저를 기록했다. 최근에는 다시 상승하여 2007년에 7.0을 기록했다. 이혼율은 1982년 0.7에서 출발하여 2003년 3.5로 최고를 기록했다. 그 후 다소 감소하여 2007년에 2.5로 나타났다. 대체로 혼인은 감소하고 이혼은 증가함을 알 수 있다. 그러므로 필연적으로 출산율은 낮아질 수밖에 없다.

일부 사람들은 이혼의 원인이 불황으로 먹고 살기 어렵기 때문이라고 한다. 그러나 일반적으로 모든 것이 풍족하고 안전한 시대에 이혼이 증가한다. 그에 반해 전쟁이나 엄청난 사회적 격변의 시기에는 이혼율이 거의 0에 가까워진다.

인간은 궁핍하고 안전이 위협 받을 때는 가족 체계의 관계망 속으로 들어가지만, 풍족하고 안전한 상황에서는 가족이라는 울타리 너머의 행동 규범들에 적응하면서, 가족을 벗어나 사회적 영역으로 진출하여 자립적이 된다. 2001년 미국에서 9.11 테러가 발생했을 때 미국인들이 가족을 찾았던 것이 그 증거이다.

2009년 현재 우리나라는 금융 위기를 가장 먼저 극복하고 경제적 안정을 찾고 있으며, 사회 제도도 어느 나라 못지 않게 잘 발달되어 있다. 또한 우리나라의 발전 전망도 밝다. 이러한 것을 고려할 때 우리나라의 혼인율은 계속 하락하고, 이혼율은 높은 수준을 유지하며, 출산율은 계속 낮은 수준에 머무를 수밖에 없다.

미국의 이혼율 추이

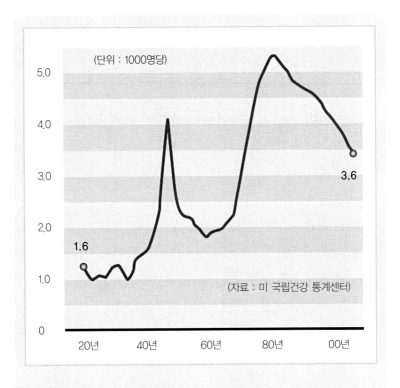

(단위 : 1000명당)

1.6

3.6

(자료 : 미 국립건강 통계센터)

20년   40년   60년   80년   00년

출처 : 〈서울신문〉, 2007년 5월 14일

미국의 이혼율은 감소하고 있다. 가정이 안정되어서 이혼율이 감소하는 것이 아니라, 사람들이 결혼 대신 동거를 하기 때문이다. 우리나라도 높은 이혼율을 유지하다가 동거가 증가하면서 이혼율이 하락할 것이다.

조혼인율, 조이혼율 및 재혼 건수 (단위:건)

연도	총 혼인 건수[1]	조혼인율	총 이혼 건수[1]	조이혼율	재혼 건수[1)2)]
1982	362 239	9.2	26 898	0.7	11 643
1983	369 140	9.2	29 609	0.7	12 716
1984	361 463	8.9	36 127	0.9	13 158
1985	376 847	9.2	38 838	1.0	15 207
1990	399 312	9.3	45 694	1.1	18 838
1991	416 872	9.6	49 205	1.1	19 263
1992	419 774	9.6	53 539	1.2	21 069
1993	402 593	9.0	59 313	1.3	22 114
1994	393 121	8.7	65 015	1.4	22 779
1995	398 484	8.7	68 279	1.5	25 682
1996	434 911	9.4	79 895	1.7	28 592
1997	388 591	8.4	91 159	2.0	28 087
1998	375 616	8.0	116 727	2.5	30 288
1999	362 673	7.7	118 014	2.5	33 607
2000	334 030	7.0	119 982	2.5	32 015
2001	320 063	6.7	135 014	2.8	34 618
2002	306 573	6.4	145 324	3.0	35 380
2003	304 932	6.3	167 096	3.5	38 198
2004	310 944	6.4	139 365	2.9	44 355
2005	316 375	6.5	128 468	2.6	46 351
2006	332 752	6.8	125 032	2.6	41 325
2007	345 592	7.0	124 590	2.5	41 971

자료 : 통계청,「인구동태통계」, 각 연도

주 : 1) 1989년 이전은 발생 기준, 1990년 이후는 신고 기준 집계 결과임

    2) 남·녀 모두 재혼임

대체적으로 혼인은 줄고 이혼은 증가한다. 출산율이 줄어들 수밖에 없다.

11. 경로사상의 소멸

　1970년대만 해도 먼 길을 떠날 때는 아버지께 큰절을 올렸다. 집에 돌아와도 마찬가지였다. 식사 때는 항상 아버지가 밥상의 중심에 앉고, 아버지가 먼저 식사를 시작해야 우리도 시작할 수 있었다. 아버지께 함부로 말대꾸하거나 버릇 없이 굴면 어머니 또는 형님들에게 혼이 났다. 아버지께서 말씀하실 때는 조용히 경청해야 했다.

　이같이 농경 사회에서는 아버지의 권위가 매우 높았다. 하지만 현대 사회에서는 아무도 아버지를 존중하지 않는다. 단지 회사에서 잘리지 않고 돈만 벌어오기 바랄 뿐이다. 자녀들은 집을 나서면서도 인사도 없이 나간다. 집에 돌아와서도 인사도 않고 자기 방으로 들어간다. 식사 때는 아버지를 기다리기는커녕 아버지에게 같이 식사하자고 묻지도 않는다. 아버지가 무슨 얘기라도 하려 들면 듣지도 않고 자기 방으로 들어가 버린다. 때로는 자기 마음에 안 들면 아버지께 화를 낸다. 자녀들은 부모를 멀리한다. 오히려 부모가 자녀들을 가까이하려 하고 자녀의 눈치를 본다. 자녀들은 부모가 의식주만 지원해 주기 바라고 나머지는 관여하지 않기 바란다. 현대 사회에서 자녀는 부모의 상전이다. 그래서 상전 모시고 산다는 우스개 소리가 있을 정도이다.

　이러한 경향은 아버지에게만 국한되지 않는다. 마을 어른도 공경하지 않고 교장 선생님도 우습게 본다. 담임 선생님을 비난하기도 하고, 경찰의 권위에 존중을 표하지 않으며, 법정에서도 소란을 피우기 일쑤이며

심지어 법관을 협박까지 한다. 마음에 들지 않으면 누구에게라도 제 멋대로 욕을 해댄다. 오직 자기만이 최고이고 자기만이 세상에 존재할 뿐이다. 오직 자기만 생각하고 자기만 중요한 세상이다. 한마디로 개인주의 천국이다.

이런 변화로 젊은이들의 행복도는 향상되었으나, 자녀에 대한 부모의 만족도는 크게 떨어졌다. 특히 누구에게도 존중받지 못하는 아버지의 자녀에 대한 만족도는 크게 떨어졌다. '자녀를 왜 낳았나?' 하는 회의가 들게 한다.

농경 사회에서 자녀가 아버지를 공경해야 하는 이유는 많았다.

첫째, 아버지의 토지를 상속 받아 농사를 지어야 생계를 유지할 수 있으므로 아버지에게 절대적으로 순종할 수밖에 없었다. 하지만 현대 사회에서는 아버지의 재산을 물려받아 생계를 이어 나가는 경우는 매우 드물다. 학교를 졸업하면 얼마든지 부모를 떠나 경제적으로 독립할 수 있어 아버지에 대한 경제적 의존도가 낮다.

둘째, 농사를 짓기 위해서는 아버지 또는 동네 어른들의 경험과 지식이 필요했다. 또한 농사는 혼자 지을 수가 없기 때문에 그분들의 협조가 필요했다. 하지만 현대 사회에서는 동료의 협조가 필요하다. 아버지가 도와줄 수 있는 일은 없다.

셋째, 아버지는 옛날 이야기도 들려주고 마을의 돌아가는 이야기, 세상 돌아가는 이야기를 들려주었다. 아버지는 장터를 오가며 많은 사람들을 만나기 때문이다. 하지만 현대 사회에서는 아버지에게 정보를 들을 필요가 없다. 라디오, TV, 인터넷에서 엄청난 뉴스와 지식을 얻을 수 있기 때문이다.

넷째, 지역 사회에서 아버지는 이미 어떤 위치를 점유하고 있었다. 아버지의 위치에 따라 자녀들도 위상이 달라졌다. 따라서 아버지가 부유하고 마을에서 어떤 자리라도 차지하거나 권위가 있는 것은 매우 중요했다. 하지만 현대 사회에서 아버지의 위치는 자녀에게 큰 영향력이 없다. 아버지가 장관을 해도 자녀들에게 미치는 영향은 별로 없다.

다섯째, 아버지는 집안의 안전을 지키는 존재였다. 아버지가 있음으로 해서 도둑을 방지할 수 있었고, 따라서 가족이 든든했다. 또 아버지가 있음으로 해서 동네 사람들로부터 존중도 받을 수 있었다.

여섯째, 학교가 없던 시대에 아버지는 자녀 교육의 중요한 역할을 했다. 하지만 현대 사회에서는 학교의 발달과 성적 지상주의로 인해 아버지에게 기대하는 것은 아무것도 없다. 또한 지식이 매우 세분화되어 자녀를 충분히 잘 교육할 수 있는 부모도 거의 없다.

이와 같이 인터넷의 발달, 안전 장치의 발달, 사회의 분화, 사회 제도의 발달 등으로 자녀에게 아버지는 돈만 벌어오면 되는 대상이 되고 말았다. 그 이상 필요한 것은 거의 없다. 어른을 공경할 이유가 없어졌다. 가식적인 '경로석'이라는 단어만 버스와 전철에서 볼 수 있을 뿐이다. 이제 경로사상도 역사책에서나 볼 수 있는 단어가 되었다.

문제는 경로사상의 소멸이 자녀에 대한 부모의 만족도를 떨어뜨리고 부자간의 관계를 소원하게 하여 자녀에 대한 필요성을 낮추는 데 있다. 경로사상의 소멸로 누구도 자녀 많은 사람을 부러워하지 않는 세상인 것이다.

12. 여권 신장

농경 사회에서 여성의 권한은 매우 초라했었다. 여성이 할 수 있는 일이라고는 인고의 세월을 견디며 시집가서 아이 낳고 잘 키워 아이 덕분에 권한을 얻는 것이 전부였다. 조선 시대 때 여성은 토지를 상속 받지 못하므로 시집가서 다른 남성에게 몸을 맡길 수밖에 없었다. 시집을 가서도 여성의 지위는 매우 낮았다. 가장 낮은 자리에서 온갖 서러움을 당하고 궂은일을 다해야 했다. '귀머거리 3년, 벙어리 3년, 장님 3년'이라는 말에서 그 고충이 얼마나 심했는지 짐작할 수 있다. 이때 여성들이 유일하게 희망을 갖는 것은 아이일 수밖에 없다. 아이를 많이 낳아, 그 아이들이 성장하면 어머니의 위상도 올라가기 때문이다.

이러한 경향은 귀족도 크게 다르지 않았다. 2009년 KBS에서 〈천추태후〉라는 사극을 방영했다. 이 사극에서 보면 귀족들이 딸을 왕에게 시집 보내 왕비가 되게 하고, 왕비가 왕자를 낳아 왕이 되도록 온갖 노력을 다하는 것을 볼 수 있다. 아들이 왕이 되면 왕비도 큰 권한을 갖게 되고, 왕이 되지 못하면 말없이 남의 눈치만 보고 살아야 하기 때문이다. 여성의 권한이 낮으므로 아들을 이용하여 권한을 얻으려 한 것이다. 유교를 숭상하던 조선 시대에 이러한 경향은 더욱 심했다.

하지만 농경 사회에서 현대 사회로 바뀜에 따라 여성의 권한은 크게 향상되었다. 남성과의 차별 또는 불이익을 거의 받지 않는다. 차별은 고사하고 여러 면에서 우위에 있으며 혜택 받고 있다. 여성이라고 해서 불이익을 받는 경우는 거의 찾을 수가 없다. 심지어 국가에서조차 여성의 눈치를 보며 '여성부'를 두고 여성의 권한 확대에 노력하고 있다. 그 결과 가정에서는 대부분 여성이 경제권을 쥐고 있으며, 우리나라 소비의 대부분은 여성이 한다. 2009년에는 여학생의 대학 진학률이 남학생을 추월했다. 정말 여성 만세이다.

여성의 권한은 안전의 확보, 민주주의의 발달, 사회 제도의 발달, 서구 문화의 영향으로 해방 이후 크게 신장되었다. 여권이 신장됨에 따라 자연스럽게 자녀를 통해 여성들의 권한을 확보하고 위상을 높일 필요가 없어졌다. 이와 같이 여권 신장은 자녀에 대한 필요성을 낮추어 저출산을 유발하게 된다.

아직도 인권이 보호받지 못하고 여성의 권한이 낮은 중동과 아프리카 국가들의 출산율이 매우 높은 것을 보면, 여권 신장이 출산율에 큰 영향을 미친다는 사실을 짐작할 수 있다.

여성 연표

1948	여성 투표하게 되다 – 여성의 선거권 인정
1958	여성은 능력자다 – 여성을 무능력자로 규정했던 가족법 개정
1976	결혼해도 근무 – 은행 여자 행원, 결혼 퇴직제 폐지
1987	고용 시 차별 없어 – 남녀 고용 평등법 제정
1988	제2정무장관실 발족 – 여성정책 전담 기구인 정무 2장관실 발족
1989	가사노동 인정 – 여성의 가사노동 가치를 법적으로 인정한 가족법 3차 개정
1995	여성 기본법 생기다 – 여성 발전을 위한 기본법 제정
2000	정치 입문 길 넓혀 – 정당법 개정으로 여성 공천 할당제 도입
2001	여성부 신설
2005	여성 자신의 성(姓)을 남기다 – 호주제가 폐지되고 '가족관계법'으로 대치. 여성도 자신의 성(姓)을 자식에게 물려줄 수 있게 됨

출처 : 〈농촌여성신문〉, 2008년 8월 18일
해방 이후 여성의 권한은 제도적으로뿐만 아니라 실질적으로도 크게 향상되었다. 앞으로 여성의 지위는 더욱 상승하여 남성을 압도할 것이며, 여성 시대에 걸맞는 행복한 삶을 누릴 것이다.

13. 도시화

1760년대 영국에서 산업혁명이 시작되면서 공업화가 시작되었다. 곧이어 상업이 발달하게 되었고, 농촌 젊은이들이 일자리를 찾아 상공업 지역으로 떠나면서 도시화가 시작되었다. 이러한 도시화는 생활에 많은 변화를 가져왔다. 농촌 생활은 서로 도와가면서 해야 하는 반면에, 도시에서는 분업화되어 모두 각자의 일만 열심히 하면 되었다. 농촌에서는 많은 일을 같이 해야 한다. 서로 돕고 협력하여 일을 한다. 가족 또는 동네 사람들의 도움이 절대적으로 필요하다. 반면에 도시에서는 다른 사람의 도움이 거의 필요하지 않을 뿐만 아니라 같이 일할 필요도 없다. 일이 세밀하게 분업화되어 다른 사람이 쉽게 도와줄 수 없다. 관심사도 매우 다르고 다양하다. 필요한 것이 있으면 상품이나 서비스를 돈을 지불하고 사면 된다. 이런 이유로 도시 생활은 필연적으로 개인화될 수밖에 없어 가족의 필요성을 떨어뜨린다.

도시화의 결과는 통계에도 잘 나타나 있다.

우리나라의 지역별 합계 출산율은 전남 1.45명, 충남 1.44명, 제주 1.39명 순으로 농촌 지역이 높게 나타났으며, 부산 0.98명, 서울 1.01명, 대구 1.07명 순으로 도시 지역이 낮게 나타났다. 더 구체적으로 살펴보면 시, 군, 구 별 합계 출산율은 전남 강진, 전북 진안군, 전남 영암군 순으로 높으며, 부산 서구, 광주 동구, 서울 강남구 순으로 낮다. 여성의 연령별 출산율을 보면 합계 출산율 상위 지역은 20대 후반(25~29

세)이 30대 전반(30~34세)보다 높게, 반대로 하위 지역은 30대 전반 (30~34세)이 높다. 즉 농촌 지역일수록 결혼이 빠르고 출산율이 높으며, 도시 지역일수록 결혼이 늦고 출산율이 낮음을 알 수 있다.

세계적으로도 산업화되고 도시가 발달한 나라의 출산율이 낮다. 동북아시아와 서유럽의 경우가 대표적이다. 반면에 도시가 발달하지 않은 저개발 국가의 출산율은 아직도 상당히 높다.

현재 전 세계의 도시화 비율은 50%, 우리나라는 85%라고 한다. 도시는 생활이 편리하고 일자리가 많기 때문에 도시화는 계속될 수밖에 없다. 세계적으로 도시화가 진행됨에 따라 전 세계의 출산율도 계속 감소할 것이다.

2008년 시, 도 별 합계 출산율 (단위 : 명)

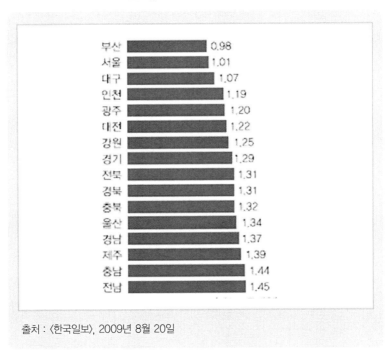

지역	합계 출산율
부산	0.98
서울	1.01
대구	1.07
인천	1.19
광주	1.20
대전	1.22
강원	1.25
경기	1.29
전북	1.31
경북	1.31
충북	1.32
울산	1.34
경남	1.37
제주	1.39
충남	1.44
전남	1.45

출처 : 〈한국일보〉, 2009년 8월 20일

한국과 세계의 도시화율 비교

구분	1950	1960	1970	1990	2000
세계 전체	29.2%	34.2%	37.1%	42.6%	46.6%
선진국	53.8%	60.5%	66.6%	72.5%	74.4%
개발도상국	17.0%	22.2%	25.4%	33.6%	39.3%
한국	18.3%	33.8%	49.8%	79.6%	86.9%

출처 : 『온라인행정학전자사전』, 정원식, 2001년 10월

산업의 발달에 따라 도시화는 계속된다. 세계화, 개인화, 비혼, 저출산도 계속된다.

시 · 군 · 구별 합계 출산율(상위 3위)

(단위: 가임 여성 1명당 명, 해당연령 여자인구 1천 명당 명)

순위	시, 군, 구	합계 출산율	여성의 연령별 출산율						
			15~19	20~24	25~29	30~34	35~39	40~44	45~49
1	전남 강진군	2.21	5.4	44.7	184.8	153.4	39.8	8.8	0.7
2	전북 진안군	1.90	1.5	54.5	150.1	126.6	40.9	4.3	0.0
3	전남 영암군	1.90	4.6	50.1	158.2	116.4	47.4	2.9	0.5

출처 : 통계청 자료

시 · 군 · 구별 합계 출산율(하위 3위)

(단위: 가임 여성 1명당 명, 해당연령 여자인구 1천 명당 명)

순위	시, 군, 구	합계 출산율	여성의 연령별 출산율						
			15~19	20~24	25~29	30~34	35~39	40~44	45~49
1	부산 서구	0.79	1.6	11.6	46.2	71.1	21.6	2.9	0.0
2	광주 동구	0.80	2.6	11.8	40.3	76.9	21.3	4.3	0.4
3	서울 강남구	0.82	0.2	3.9	41.2	87.7	28.7	3.0	0.0

출처 : 통계청 자료

출산율이 가장 높은 농촌 지역의 출산율이 가장 낮은 도시의 출산율보다 두 배 이상 높다. 도시화와 저출산이 밀접한 관련이 있음을 보여준다.

14. 경제적 불안정

　매슬로우가 주장한 인간의 욕구 중에서 2단계 욕구인 안전에 대한 욕구는 신체에 대한 안전뿐만 아니라 경제적 안전도 포함한다. 그런데 현대 사회에서 신체에 대한 안전은 획기적으로 좋아졌지만 경제적 안전은 오히려 나빠진 경향이 있다. 농경 사회에서는 부모에게서 땅을 물려받으면 가난하긴 해도 평생 농사 지으며 살 수 있었다.

　그런데 현대 사회에서는 직장을 잃으면 하루 아침에 경제적 어려움에 처한다. 고용보험이 있지만 120만원씩 8개월 받는 것으로는 턱없이 부족하다. 이러한 위험은 IMF 외환위기 당시 극명하게 나타났다. 많은 회사가 파산하고 많은 기업이 구조 조정을 하면서 많은 사람들이 해고되었다. 이로 인하여 사람들이 고통을 겪고 가정이 파탄 나는 일이 많았다. 이러한 세태를 풍자하는 '이태백', '사오정', '오륙도' 등의 말들도 쏟아졌다. 이때부터 사람들은 직장이 안전하지 않다는 것을 깨달았고, 직장의 안정성을 중시하게 되었다. 의사, 변호사, 회계사 등 평생 동안 돈벌이를 할 수 있는 전문직과 공무원, 공사, 교사, 은행 등의 직업의 인기가 크게 올라갔다. 요즘도 이러한 추세는 계속되어 공무원 시험이나 은행 입사 시험의 경쟁률이 100대 1을 넘는다. 좋은 직장의 경우에는 입사 합격자를 신문에 공고까지 한다. 그만큼 좋은 직장의 입사 경쟁률은 높다. 반면에 중소기업은 사람 뽑기가 어렵다. 지원자도 적고 고학력자도 적다. 모두 급여가 높고 일하기 좋고 안정한 직장으로 몰리기 때문이다.

현대 사회의 이 같은 경제적 불안정은 아이를 낳기 두렵게 만든다. 언제 실직하여 빈민으로 추락할지 모르는 상황에서 부담이 되는 아이를 쉽게 낳을 수 없다. 특히 일반 기업에서는 대부분 50세쯤 되면 회사를 떠나야 하는데, 부모가 50세 정도이면 자녀가 고등학생 또는 대학생이 될 나이여서 많은 교육비가 소요된다. 이러한 상황에서 일반 회사 또는 중소기업에 다니는 사람이 제 정신이라면 아이를 여러 명 낳을 수 없다.

자녀가 커서 부모를 경제적으로 돕는다면 부모들은 자녀를 낳으려 할 것이다. 하지만 요즘 자녀들은 자기 직장 잡고 독립하기도 버겁다. 부모에게 손 벌리지 않으면 다행이다. 또한 직장 때문에 대부분 멀리 떨어져 살게 되므로 더욱 도움이 안 된다.

부모 입장에서는 아이를 많이 낳으면 경제적으로 부담만 될 뿐 자녀가 부모를 돌보지 않으므로 돌아오는 혜택은 없다. 당연히 아이를 안 낳을 수밖에 없다.

15. 행복과 자유도

인간은 누구나 최대의 행복을 추구한다. 행복은 다음과 같이 정의될 수 있다.

$$H = C + \{ (\Sigma \sqrt{\triangle Xi}) / Y \} * e^{-t}$$

여기서,

H = '행복도' 로서 행복한 정도를 나타낸다.

C = '행복 상수' 이다. 모든 조건이 같음에도 사람마다 느끼는 행복감은 다르다. 낙천적 또는 비관적, 비판적 성향에 의해서 결정되는 상수이다. 낙천적이고 긍정적일수록 행복 상수가 높다.

X = 사람이 가치를 두는 것, 즉 돈, 성공, 명예, 건강, 외모, 학벌 등을 말한다. 사람마다 가치를 두는 것과 정도가 다르므로 X는 사람에 따라 다르고 그 종류도 매우 많다.

Y = 욕심

즉 행복도는 평상 시에는 행복 상수 C에 가장 큰 영향을 받는다. 낙천적이고 긍정적인 사람은 C가 높기 때문에 부정적이고 비판적인 사람보다 행복하다. 또한 자신이 가치를 두는 일에서 어떤 성과가 있을 때 행복도는 높아진다. 하지만 $\triangle X$에 $\sqrt{}$ 가 씌어져 있는 것처럼 행복도는 끝없이 상승하지 않는다. 즉 돈이 하나도 없던 사람이 1억을 벌면 매우 행복해지지만, 100억을 가진 사람은 200억을 벌어도 행복도가 크게 상승하지 않는다. 또한 성과에 의한 행복에는 e^{-t}라는 익스포낸셜 함수가 붙어 있어서 시간이 지남에 따라 행복감은 사라져 다시 C의 상태로 수렴한다. 또한 성취에 의한 행복은 욕심 Y에 반비례한다. 따라서 행복해지려면 낙천적이고 긍정적인 태도를 가져 행복 상수인 C를 높이고, 끊임없이 자신이 가치를 두는 일을 해서 새로운 성취를 해야 한다. 자신이 가치를 두는 것이라면 무엇이라도 좋다. 여행을 가든가 운동을 하든가, 맛있는 것을 먹든가 데이트를 하든가, 공연을 보러 가든가 유학을 가든가, 어떤 것도 좋다. 자신이 하고 싶은 것을 하면 된다.

그런데 자신이 가치를 두는 일을 하기 위해서는 그것을 할 수 있는 세 가지의 자유가 있어야 한다. 즉 물리적 자유, 시간적 자유, 경제적 자유가 그것이다. 우선 하고 싶은 것을 물리적으로 제한하는 법이나 사회 규범이 없어야 하고, 그 다음에는 시간이 있어야 한다. 물리적 제한이 없고 시간이 있어도 돈이 있어야 한다. 그럴 때 하고 싶은 것을 하여 행복을 극대화할 수 있다. 그런데 결혼과 아이는 많은 것을 제한한다. 항상 가족과 같이하고 집에서 거주해야 하며 가족을 돌봐야 한다. 가족에 관한 도덕적, 사회적, 법적 의무를 다해야 한다. 이것은 개인의 자유를 크게 제한하여 하고 싶은 일을 못 하도록 제한함으로써 행복도를 낮춘다. 결혼과 출산으로 얻는 행복이 혼자 자유롭게 살면서 누리는 행복보다 적다면 사람들은 결혼과 출산을 거부할 것이다. 결혼과 출산이 제공해 온 물리적 안전, 경제적 안전, 정서적 안정을 독신도 어렵지 않게 확보할 수 있게 됨에 따라 사람들은 점점 더 독신을 택하게 된다. 이러한 변화는 당연히 경제적 안정을 갖춘 알파 걸, 골드미스로부터 시작된다.

행복도의 변화(예)

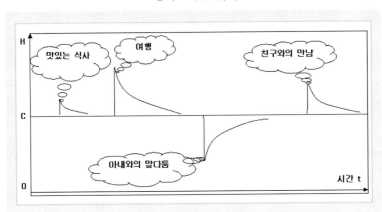

행복은 새로운 성취에 의하여 변화하며, 시간이 흐름에 따라 행복 상수인 C로 수렴한다. 행복하기 위하여 사람들은 원하는 것을 추구하는데, 이것을 성취하기 위해 물리적 자유, 시간적 자유, 경제적 자유를 극대화한다.

16. 저출산의 원인

지금까지 살펴본 바와 같이 저출산은 과학 기술과 민주주의의 발전에 따른 근본적인 사회 변화에 기인한다. 주요 원인은 아래와 같다.

1) 안전한 사회로의 변화

과학 기술의 발달로 사회가 범죄로부터 매우 안전해졌다. 질병과 자연 재해로부터도 자유로워졌다. 그로 인해 가족의 중요한 기능 중의 하나인 안전확보 기능의 가치가 낮아졌다.

2) 발달된 사회복지 제도

공산주의의 위협과 민주주의의 발달로 연금 등의 사회복지 제도가 크게 강화되었다. 그로 인해 가족의 기능 중의 하나인 자녀의 부모 부양의 가치가 크게 낮아졌다.

3) 발달된 사회 제도

민주주의와 인터넷의 발달로 인권이 신장되고 부당한 일을 당하는 경우가 크게 감소했다. 특히 여성의 권한이 상대적으로 크게 향상되었다. 그로 인해 가족과 친족에 대한 여성의 의존도가 줄어들었다.

4) 관계 범위의 확대

농경 사회에서는 가족이 하루 종일 같이 일하고 같이 지내기 때문에 소속과 사랑의 욕구를 만족시키는 데 가족이 절대적으로 중요했다. 하지만 현대 사회에서는 생활 범위가 확장되고 직장과 일이 개인마다 다르기 때문에 가족과 함께 지내는 시간이 크게 감소했다. 그에 따라 소속과 사랑의 욕구에 대한 가족의 역할도 크게 감소했다.

5) 개인화

안전과 식량이 문제되지 않는 사회에서 존중과 자아 실현의 욕구를 충족하기 위하여 인간은 개인의 목표에 집중하게 되었다. 이때 가족은 방해되는 경우가 많아 가족의 가치를 떨어뜨린다. 특히 가사의 대부분을 맡고 있는 여성의 경우 더욱 가족의 가치가 낮아진다.

6) 결혼 제도

현재의 결혼 제도는 농경 사회에서 만들어진 것으로서 주 목적이 경제적 안전과 물리적 안전을 확보하는 데 있었다. 현대 사회에 들어서 대부분의 여성이 경제적인 독립이 가능해져 경제적인 이유로 결혼할 필요가 적어졌다. 따라서 혼인율은 크게 낮아지고, 이혼율은 높은 수준을 유지하고 있다.

또한 결혼 제도에는 여전히 구속적인 요소가 많아 개인의 자유와 행복을 제한하고, 이것은 특히 여성들이 결혼을 기피하는 원인이 된다.

7) 경로사상의 소멸

농경 사회의 종말과 함께 사회 제도의 발달, 사회의 분화, 인터넷의 발달로 경로사상이 소멸됐으며, 이로 인하여 자녀에 대한 만족도가 약화되었다. 자녀에 대한 만족도 저하는 저출산으로 이어졌다.

8) 여권 신장

민주주의의 발달, 사회 제도의 발달, 서구 문화의 영향 등으로 여권이 크게 신장되었다. 그로 인해 자녀를 통한 여성의 권한 확보 욕구가 크게 감소했다. 이것은 자녀에 대한 필요성을 감소시켜 저출산을 유발하게 되었다.

9) 도시화

공업의 발달과 상업화로 도시가 발달하기 시작했으며, 도시화로 공동체 생활에서 개인 위주의 삶으로 변화되었다. 개인 위주의 생활은 가족의 필요성을 약화시켜 대가족에서 핵가족, 다자녀에서 소수의 자녀, 결혼에서 비혼과 이혼으로 변화가 일어나게 했다.

대부분의 국가는 과학 기술을 발전시키고 산업을 일으키며 민주주의를 추구한다. 인권을 신장하고 개인의 행복을 최우선에 둔다. 투표권이 개인에게 있기 때문이다. 이 같은 추세는 전 세계적인 흐름으로서 앞으로 상당 기간 계속될 것이다. 저출산도 전 세계적으로 상당 기간 계속될 것이다.

제3장

세계의 출산율 현황

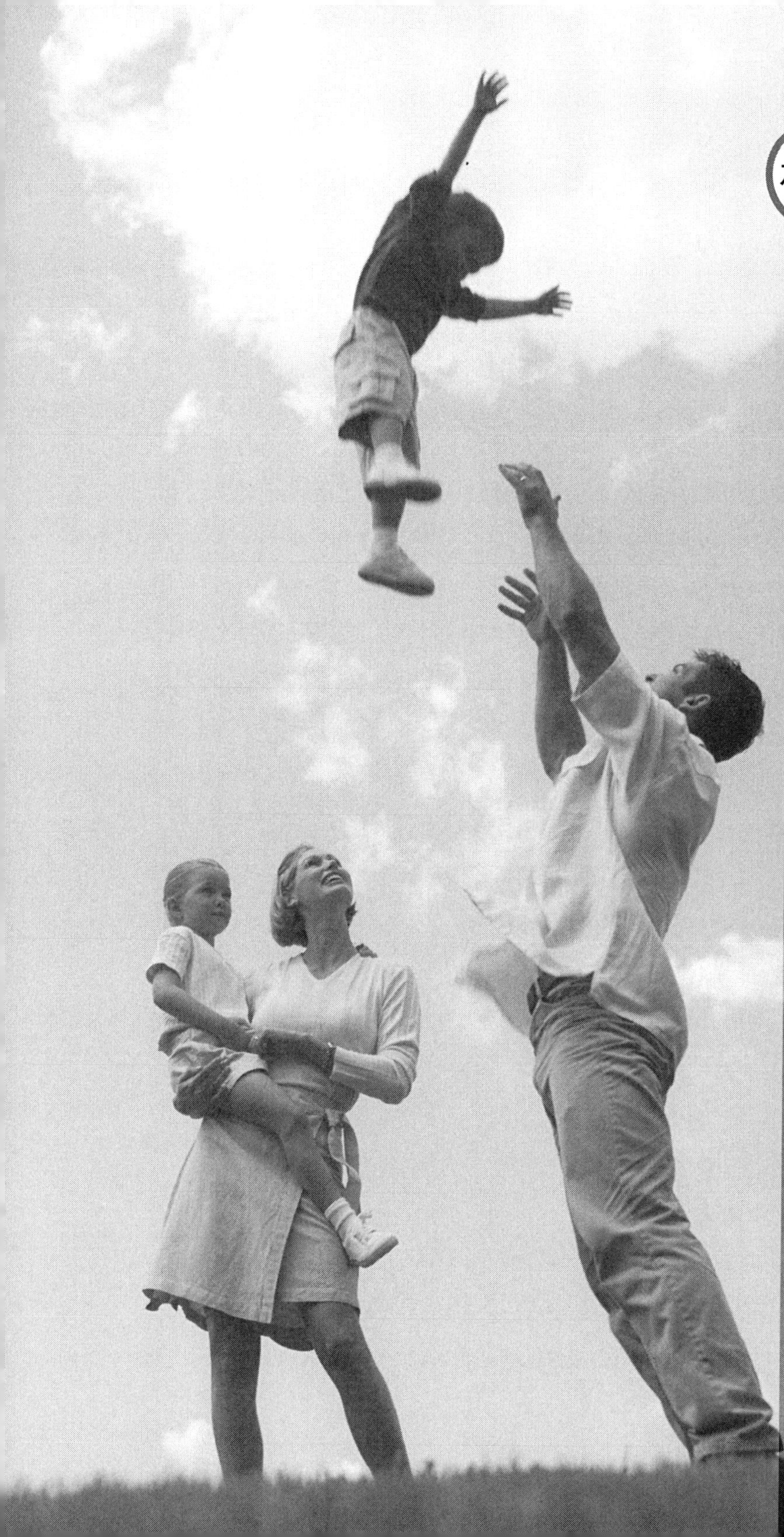

1. 전 세계 출산율

　매 2초마다 이 지구 상에는 5명의 사람이 태어난다. 그 중 3명은 아시아인이다. 지금 지구 상에 살고 있는 인구는 지금까지 지구 상에 살았던 총 인구의 7% 정도가 될 만큼 많다.

　20세기에 들어서 인구는 급격하게 증가했다. 지금도 인구는 계속 증가하고 있다. 하지만 최근 들어 전 세계 출산율은 계속 감소하고 있다. 이대로 출산율이 계속 감소하면 전 세계 인구는 머지 않아 더 이상 증가하지 않고 100억 명 정도에 도달한 후 서서히 감소할 것으로 예상된다. 이렇게 전 세계적으로 출산율이 감소하는 원인은 다음과 같다.

　(1) 안전한 사회로의 변화
　(2) 사회복지 제도 강화와 빈부격차 감소
　(3) 민주주의의 발달
　(4) 사회 제도의 발달
　(5) 여권 신장
　(6) 개인화
　(7) 전쟁의 감소

　현대 사회는 정보의 흐름이 매우 빨라 선진국에서 채택한 제도와 문명의 도구가 후진국에도 빠르게 전파된다. 우리나라의 경우 공무원들이 세계 각국을 돌아다니며 여러 나라의 제도를 파악하고, 좋은 제도가 있으면 곧바로 채택한다. 동남아 여러 국가와 아프리카, 중앙 아시아 국가들은 우리나라를 자주 방문한다. 산업화 경험과 여러 가지 제도 등을 도입하기 위해서이다. 그에 대해 우리나라도 적극 알려주고 지원한다. 이상과 같은 공식적인 경로 이외에도 여행, 언론, 인터넷 등을 통하여 각종 정보가 빠르게 전파된다. 그에 따라 전 세계 대부분의 국가는 비슷한 정치 제도(민주주의), 사회복지 제도(연금, 교육 제도, 의료 제도), 사법 제도, 조세 제도 등을 지닌다. 즉 전 세계 국가가 모두 비슷한 국가가 되는 것이다. 안전한 사회, 복지 제도, 민주주의, 여권 신장, 개인화 등이 전 세계에 보편화됨에 따라 가족의 가치가 줄어들어 출산율이 세계적으로 계속 낮아진다.

전쟁이 감소한 것도 중요한 원인이다. 무기와 교역이 발달하고 국가 간의 교류가 활발해짐에 따라 국가간의 문제를 외교로 해결하려는 경향이 강화되어, 전쟁이 크게 감소하고 사회가 안정됨에 따라 출산율이 줄어들게 되었다.

여기에 예외가 있다. 아프리카와 중동 국가들이다. 아프리카 국가의 출산율은 5 정도, 중동 국가의 출산율은 3 정도로서 타 대륙에 비해 매우 높다. 사회가 전쟁과 종교 분쟁으로 불안하고 정치가 불안정하며, 복지 제도의 수준이 낮은 데다 사회가 청렴하지 않으며, 민주주의가 발달하지 않고 여성의 인권이 보호받지 못하기 때문이다.

전 세계 출산율

	1985	1990	1995	2000	2005	2010
세계	3.58	3.38	3.05	2.8	2.65	2.55

출처 : 통계청 자료

전 세계 대부분의 국가가 민주주의와 복지 제도를 추구하고 인권을 신장함에 따라 출산율이 지속적으로 감소하고 있다. 사회복지 제도가 강화되고 산업이 발달하여 도시화되는 만큼 출산율은 더욱 감소할 전망이다.

2. 아시아 출산율

1) 동북 아시아

한국, 일본, 대만, 홍콩 등 동북 아시아 국가들의 출산율은 세계적으로 매우 낮다. 사회가 안전하고 사회 제도와 민주주의가 발달한 데다 보수적인 유교 문화로 인해 혼외 출산이 적기 때문이다. 이들 국가에서는 혼외 출산을 높이는 것이 급선무이다.

중국의 경우에는 1979년부터 실시된 강력한 산아제한 정책으로 1980년대에 출산율이 급격히 낮아졌다. 최근에는 사회의 안정과 도시화, 개인화 등의 세계적인 추세로 출산율이 낮아지고 있다. 중국도 앞으로 저출산 문제가 심각해질 것으로 예상됨에 따라 산아제한 정책을 완화하고 있다.

북한은 민주주의와 사회 제도가 발달되지 않고 인권이 열악한 상황임에도 불구하고 출산율이 낮은 특이한 경우이다. 공산주의로 인해 정부가 노후를 보장하고 자녀로부터 기대되는 이익이 낮기 때문이다. 향후 남북이 통일되거나 타국으로 이주가 가능할 경우 북한 여성들의 대규모 이주가 일어날 것이며, 그에 따라 북한의 출산율은 더욱 낮아질 것이다.

동북 아시아 국가들의 출산율

국가별	1985	1990	1995	2000	2005	2010
한국	2.23	1.60	1.70	1.51	1.24	1.21
중국	2.55	2.46	1.92	1.78	1.70	1.73
홍콩	1.80	1.31	1.29	1.08	0.94	0.97
일본	1.76	1.66	1.49	1.39	1.29	1.27
북한	2.93	2.45	2.35	2.09	1.92	1.85
대만	1.88	1.81	1.78	1.68	1.12	–

출처 : 통계청 자료

민주주의의 발달과 안정된 사회, 보수적인 유교 문화의 영향으로 출산율이 매우 낮다. 동북 아시아에서는 혼외 출산이 증가해야 출산율을 높일 수 있는데, 이를 위해서는 현재의 결혼 제도를 하루 빨리 없애거나 개선해야 한다.

2) 중동과 남아시아의 회교 국가들

대부분의 중동 회교 국가들은 출산율이 매우 높다. 사회가 다소 안정된 이란, 쿠웨이트, 카타르, 아랍 에미레이트 등과 서유럽의 영향이 큰 레바논, 터키의 출산율이 2명 정도로서 상대적으로 낮다.

반면에 전쟁, 내분 등으로 불안정한 아프가니스탄, 이라크, 예멘 등의 출산율은 높다. 민주주의가 발달하지 않고 종교의 이름으로 여권을 짓밟으며 사회가 혼란한 나라의 출산율이 높음을 분명하게 보여준다. 중동 국가들이 보편 타당한 제도를 거부하고 인권을 무시할 경우 출산율은 높은 수준을 유지할 것이다.

중동과 남아시아 국가들의 출산율

국가별	1985	1990	1995	2000	2005	2010
아프가니스탄	7.80	7.90	8.00	8.00	7.48	7.07
이란	6.63	5.62	4.33	2.53	2.12	2.04
이라크	6.35	6.15	5.70	5.37	4.86	4.26
바레인	4.63	4.08	3.36	2.76	2.51	2.29
요르단	6.77	5.87	5.14	4.32	3.53	3.13
쿠웨이트	4.87	3.94	3.20	2.61	2.30	2.18
레바논	3.90	3.31	3.00	2.70	2.32	2.21
파키스탄	6.60	6.66	5.80	4.96	3.99	3.52
카타르	5.45	4.70	4.10	3.38	2.93	2.66
사우디아라비아	7.02	6.22	5.45	4.62	3.81	3.35
오만	7.20	6.80	6.30	5.10	3.70	3.00
시리아	7.18	6.24	4.86	4.02	3.48	3.08
터키	4.15	3.28	2.90	2.57	2.23	2.14
아랍에미레이트	5.23	4.83	3.88	3.07	2.52	2.31
예멘	8.70	8.40	7.70	6.73	6.02	5.50

출처 : 통계청 자료

민주주의가 발달하지 않고 전쟁으로 불안한 나라, 인권, 특히 여권이 낮은 나라들의 출산율이 높음을 보여준다. 중동의 회교 국가들이 종교의 이름으로 국민들의 인권과 복지를 무시할 경우 앞으로도 타 대륙보다 높은 출산율을 보일 것이다.

3) 동남 아시아

사회가 안정되고 사회 제도가 발달함에 따라 동남 아시아 국가들의 출산율이 급격히 감소하고 있다. 사회 안정과 사회 제도의 발달에 따른 인권 신장이 저출산의 주요 요인임을 보여준다. 특히 유교 문화권 국가인 싱가포르, 태국의 출산율이 낮으며 베트남의 출산율도 급격히 감소하고 있다. 예외가 있다면 필리핀이다. 다른 나라에 비하여 상당히 높은 편이다. 내분으로 사회가 불안하고 부패가 만연하면 출산율이 높아짐을 잘 보여준다.

동남 아시아 국가들의 출산율

국가별	1985	1990	1995	2000	2005	2010
캄보디아	6.60	6.00	5.55	4.45	3.64	3.18
방글라데시	5.25	4.63	4.12	3.50	3.22	2.83
인도	4.50	4.15	3.86	3.46	3.11	2.81
인도네시아	4.11	3.40	2.90	2.55	2.38	2.18
라오스	6.41	6.40	5.86	4.70	3.59	3.21
미얀마	4.30	3.80	3.10	2.65	2.25	2.07
말레이시아	4.24	4.00	3.47	3.10	2.87	2.60
필리핀	4.95	4.55	4.14	3.72	3.54	3.23
싱가포르	1.69	1.71	1.76	1.57	1.35	1.26
스리랑카	3.16	2.65	2.48	2.22	2.02	1.88
태국	2.85	2.27	2.00	1.90	1.83	1.85
베트남	4.50	4.02	3.30	2.50	2.32	2.14
브루나이	3.80	3.37	3.09	2.70	2.50	2.29

출처 : 통계청 자료

사회가 안정되고 사회 제도가 발달함에 따라 동남 아시아 국가들의 출산율이 감소하고 있다.

4) 구 소련의 영향을 받은 국가들

서아시아 국가들은 구 소련 공산주의의 영향과 유럽 사회주의의 영향으로 출산율이 낮다. 중앙 아시아 국가들은 구 소련 공산주의의 영향을 받았지만, 회교의 영향으로 여권이 신장되지 않아 출산율이 여전히 높다.

구 소련의 영향을 받은 국가들의 출산율

국가별	1985	1990	1995	2000	2005	2010
아르메니아	2.38	2.58	2.38	1.75	1.35	1.39
아제르바이잔	3.04	2.95	2.90	2.20	1.67	1.82
그루지야	2.27	2.26	1.95	1.58	1.48	1.41
카자흐스탄	2.96	3.03	2.55	2.00	2.01	2.31
키르기즈스탄	4.10	4.02	3.61	2.99	2.50	2.48
타지키스탄	5.54	5.41	4.88	4.29	3.81	3.35
투르크메니스탄	4.79	4.55	4.03	3.03	2.76	2.50
우즈베키스탄	4.73	4.40	3.88	3.01	2.74	2.49

출처 : 통계청 자료

그 밖의 아시아 국가들의 출산율

국가별	1985	1990	1995	2000	2005	2010
부탄	6.42	6.20	5.39	4.19	2.91	2.19
키프로스	2.45	2.43	2.36	1.92	1.63	1.61
이스라엘	3.13	3.05	2.93	2.94	2.91	2.75
몽골	5.74	4.83	3.37	2.36	2.07	1.87
네팔	5.51	5.27	5.00	4.37	3.68	3.28

출처 : 통계청 자료

이스라엘은 소득이 높고 산업이 발달된 나라이지만 출산율이 높다. 전쟁으로 사회가 불안하기 때문이다.

3. 아메리카의 출산율

1) 북아메리카

미국은 선진국 중에서 가장 높은 출산율을 보이고 있다. 부유하고 사회 제도도 잘 발달되어 있으나 출산율은 상대적으로 높다. 특별한 출산 장려 정책도 없다. 주요 원인은 다른 나라에 비해 분배 위주의 복지 정책을 취하지 않는 것과 이민자가 많기 때문이다. 미국의 국민 부담률은 24%로 40%대인 유럽 국가들에 비해 매우 낮다. 낮은 국민 부담률로 복지 제도가 빈약하면 가족에 대한 의존도가 높아져 출산율 상승으로 이어진다.

미국은 세계에서 이민자가 가장 많은 나라이다. 낯선 땅에서 사는 이민자들은 경제적, 사회적인 기반이 부족하다. 당연히 가족에 대한 의존성이 커질 수밖에 없으며, 이것은 출산율 상승으로 이어진다. 비슷한 결과를 유럽에서도 볼 수 있다. 이민자가 많은 프랑스도 다른 유럽 국가에 비하여 출산율이 높다.

북아메리카 국가들의 출산율

국가별	1985	1990	1995	2000	2005	2010
캐나다	1.63	1.62	1.69	1.56	1.52	1.53
멕시코	4.25	3.63	3.19	2.67	2.40	2.21
미국	1.83	1.92	2.03	1.99	2.04	2.05

출처 : 통계청 자료

미국은 선진국 중에서 출산율이 가장 높다. 국민 부담률이 낮고 이민자가 많기 때문이다.

2) 남아메리카

과테말라(4.15), 아이티(3.54), 볼리비아(3.5), 온두라스(3.31), 파라과이(3.08) 등의 가난하고 불안정한 국가들의 출산율은 높다. 반면에 공산 국가인 쿠바가 1.49로 가장 낮다. 쿠바는 1985년에 이미 1.85였다. 잘살고 못 살고 하는 것보다 공산주의와 같은 분배 위주의 정책이 출산율을 낮추는 가장 강력한 요인임을 확인할 수 있다.

남아메리카 국가들의 출산율

국가별	1985	1990	1995	2000	2005	2010
아르헨티나	3.15	3.05	2.90	2.63	2.35	2.25
바하마	3.16	2.62	2.60	2.40	2.11	2.02
볼리비아	5.30	5.00	4.80	4.32	3.96	3.50
브라질	3.80	3.10	2.60	2.45	2.35	2.25
칠레	2.67	2.65	2.55	2.21	2.00	1.94
콜롬비아	3.69	3.17	2.93	2.70	2.47	2.22
코스타리카	3.53	3.37	2.95	2.58	2.28	2.10
쿠바	1.85	1.85	1.65	1.61	1.63	1.49
도미니카공화국	4.00	3.47	3.20	3.05	2.95	2.81
에콰도르	4.70	4.00	3.40	3.10	2.82	2.58
엘살바도르	4.50	3.90	3.52	3.17	2.88	2.68
과테말라	6.10	5.70	5.45	5.00	4.60	4.15
아이티	6.21	5.70	5.15	4.62	4.00	3.54
온두라스	6.00	5.37	4.92	4.30	3.72	3.31
자메이카	3.55	3.10	2.84	2.67	2.63	2.43
마르티니크	2.14	2.14	1.96	1.90	1.98	1.91
니카라과	5.85	5.00	4.50	3.60	3.00	2.76
파나마	3.52	3.20	2.87	2.79	2.70	2.56
파라과이	5.20	4.77	4.31	3.88	3.48	3.08
페루	4.65	4.10	3.70	3.10	2.70	2.51
푸에르토리코	2.46	2.26	2.18	1.99	1.84	1.83
우루과이	2.57	2.53	2.49	2.30	2.20	2.12
베네수엘라	3.96	3.65	3.25	2.94	2.72	2.55

출처 : 통계청 자료

전체적으로 출산율이 급격히 감소하고 있다. 정치적으로 안정이 안 된 국가들의 출산율이 높다. 정치적으로 안정을 찾고 도시화가 진행됨에 따라 출산율은 계속 감소할 것이다. 공산 국가인 쿠바는 1985년에 이미 1.85로 가장 낮았으며, 2010년에도 1.49로 가장 낮다. 공산주의적 분배 정책이 가장 강력한 저출산 요소임을 보여준다.

4. 유럽의 출산율

1) 서유럽

대부분의 나라가 사회주의를 취하고 있는 서유럽의 모든 나라는 출산율이 매우 낮다. 아일랜드(1.96), 프랑스(1.89), 노르웨이(1.85), 영국(1.82), 덴마크(1.8), 스웨덴(1.8) 등의 나라가 다소 높은 편이다. 반면에 그리스(1.33), 독일(1.36), 이탈리아(1.38), 몰타(1.37), 스페인(1.41), 오스트리아(1.42) 등의 나라들은 낮다.

프랑스의 출산율이 높은 것은 강력한 출산장려 정책과 더불어 이민자가 많기 때문이다. 50%를 넘는 혼외 출산도 중요한 요인이다.

특별한 출산장려 정책을 쓰고 있지 않는 영국의 출산율이 높은 것은 다른 유럽 국가에 비하여 분배주의적 성향이 낮으며, 높은 혼외 출산율, 10대의 높은 출산율 등에 기인한다.

남유럽 가톨릭 국가의 출산율이 낮은 것은 보수적인 문화의 영향으로 혼외 출산에 대해 부정적이어서 혼외 출산이 적기 때문이다.

북유럽 국가들의 출산율이 높은 것은 높은 혼외 출산율에 기인한다.

독일의 경우에는 저출산에 대한 정부의 무관심과 업무 지향적인 국민성이 저출산에 한몫을 하는 것으로 생각된다. 게다가 독일 통일 후 동독 여성이 경제적인 목적으로 대규모로 서독으로 이주함에 따라 동독 남성이 배우자를 갖지 못해 출산율이 크게 하락했다. 사실 이러한 현상은 우리의 가까운 곳에서도 벌어지고 있다. 중국의 동북3성에 살고 있는 조선족 여성들이 경제적인 목적으로 대거 한국으로 이주했으며, 그에 따라 조선족 남성들은 조선족 배우자를 찾을 수 없게 되었다. 연변에 있는 조선족 남성들이 배우자를 찾지 못해 조선족이 빠르게 사라지고 있다.

서유럽 국가들의 출산율

국가별	1985	1990	1995	2000	2005	2010
오스트리아	1.62	1.45	1.47	1.39	1.38	1.42
벨기에	1.60	1.56	1.61	1.60	1.64	1.65
덴마크	1.43	1.54	1.75	1.76	1.76	1.80
핀란드	1.69	1.66	1.82	1.74	1.75	1.83
프랑스	1.87	1.81	1.71	1.76	1.88	1.89
독일	1.46	1.43	1.31	1.34	1.35	1.36
그리스	1.96	1.53	1.37	1.30	1.28	1.33
아일랜드	2.88	2.29	1.97	1.90	1.97	1.96
이탈리아	1.53	1.35	1.28	1.21	1.29	1.38
룩셈부르크	1.47	1.47	1.66	1.72	1.67	1.66
몰타	1.96	2.02	2.02	1.85	1.46	1.37
네덜란드	1.52	1.56	1.58	1.60	1.73	1.72
노르웨이	1.69	1.80	1.89	1.85	1.80	1.85
포르투갈	1.98	1.59	1.52	1.48	1.45	1.46
스페인	1.89	1.48	1.27	1.18	1.29	1.41
스웨덴	1.65	1.91	2.01	1.56	1.67	1.80
스위스	1.53	1.53	1.54	1.47	1.42	1.42
영국	1.80	1.81	1.78	1.70	1.70	1.82

출처 : 통계청 자료

분배 지향의 사회주의 서유럽 국가들의 출산율은 매우 낮다. 남유럽 국가들은 보수적인 가톨릭의 영향으로 혼외 출산이 적어 출산율이 더욱 낮다. 프랑스의 경우에는 출산장려 정책과 이민자의 높은 출산율 덕분에 출산율이 높다. 독일의 경우에는 통일 후 동독 여성이 서독으로 대거 이주함에 따라 출산율이 매우 낮다.

2) 동유럽

전쟁과 민족 갈등, 종교 갈등으로 불안한 알바니아가 2.06으로 출산율이 가장 높다. 그 밖의 동유럽 국가 중에 1.5 이상인 나라는 없다. 서유럽보다 가난하지만 동유럽의 출산율은 더 낮다. 이들 국가 모두 소련의 공산주의 영향을 많이 받은 나라들이다. 소련의 영향 아래 있던 1985년에 이미 출산율이 매우 낮았음을 보면 알 수 있다. 잘살고 못 살고 하는 정도보다 분배 위주의 사회복지 제도가 저출산에 가장 큰 영향을 주는 요소임을 짐작할 수 있다.

동유럽 국가들의 출산율은 앞으로 더욱 낮아질 것이다. 2004년 동유럽 국가들이 EU에 동참하면서 동유럽 국가 국민들은 서유럽으로 자유롭게 이주할 수 있게 되었다. 그 결과 젊은 여성들이 가장 먼저 서유럽으로 이주할 것이다. 이에 따라 사회에 커다란 변화가 오기 전까지 오랫동안 동유럽 국가들은 전 세계에서 가장 낮은 출산율을 기록할 것이다.

동유럽 국가들의 출산율

국가별	1985	1990	1995	2000	2005	2010
알바니아	3.40	3.08	2.78	2.48	2.25	2.06
벨라루스	2.09	2.05	1.68	1.31	1.24	1.20
불가리아	2.01	1.92	1.48	1.19	1.26	1.31
크로아티아	1.96	1.84	1.52	1.54	1.35	1.35
체코	2.00	1.92	1.65	1.17	1.18	1.24
에스토니아	2.09	2.20	1.63	1.33	1.39	1.49
헝가리	1.81	1.82	1.73	1.38	1.30	1.28
라트비아	2.00	2.09	1.63	1.17	1.25	1.29
리투아니아	2.03	2.09	1.81	1.47	1.28	1.26
마케도니아	2.33	1.99	1.92	1.74	1.56	1.43
몰도바	2.55	2.64	2.11	1.70	1.50	1.40
폴란드	2.33	2.15	1.89	1.48	1.25	1.23
루마니아	2.25	2.28	1.50	1.35	1.29	1.30
러시아	2.04	2.12	1.55	1.25	1.30	1.34
슬로바키아	2.28	2.15	1.87	1.40	1.22	1.25
슬로베니아	1.88	1.66	1.36	1.25	1.23	1.28
우크라이나	2.02	2.03	1.64	1.23	1.15	1.22

출처 : 통계청 자료

동유럽 국가들은 구 소련 공산주의의 영향으로 출산율이 이미 오래 전부터 낮았다. 최근에는 EU에 가입함에 따라 많은 여성들이 서유럽으로 이주할 것이며, 그에 따라 출산율은 더욱 낮아질 것이다.

5. 아프리카 출산율

정치, 경제, 사회적으로 안정된 튀니지(1.93), 남아프리카 공화국 (2.64) 등의 나라만 다소 낮을 뿐 나머지 모든 국가의 출산율은 매우 높다. 전쟁으로 사회가 불안정하고 정치가 불안하며 여성의 권한이 낮으면 출산율이 높음을 분명하게 보여준다. 아프리카 국가들의 출산율이 높은 것은 삶의 환경이 열악하며 도시화가 덜 된 것도 원인이다. 아프리카 국가들도 정치적 안정을 찾고 사회 제도가 발달함에 따라, 경제가 발달하여 도시화됨에 따라 출산율은 점점 감소할 것으로 기대된다.

아프리카 국가들의 출산율

국가별	1985	1990	1995	2000	2005	2010
앙골라	7.20	7.20	7.10	6.90	6.75	6.43
보츠와나	5.97	5.11	4.32	3.70	3.18	2.90
부르키나파소	7.68	7.44	7.16	6.77	6.36	6.00
부룬디	6.80	6.80	6.80	6.80	6.80	6.80
콩고민주공화국	6.70	6.70	6.70	6.70	6.70	6.70
에티오피아	6.84	6.82	6.77	6.34	5.78	5.29
가나	6.50	6.09	5.46	4.82	4.39	3.84
기니비사우	7.10	7.10	7.10	7.10	7.10	7.07
레소토	5.46	5.14	4.7	4.37	3.79	3.37
라이베리아	6.90	6.90	6.90	6.80	6.80	6.77
모잠비크	6.44	6.33	6.12	5.85	5.52	5.11
나미비아	6.45	6.17	5.40	4.40	3.58	3.19
니제르	8.10	7.96	7.82	7.69	7.45	7.19
나이지리아	6.90	6.83	6.64	6.25	5.85	5.32
르완다	8.50	8.25	6.90	6.10	6.01	5.92
소말리아	7.20	7.00	6.60	6.75	6.43	6.04
남아공화국	4.56	3.85	3.34	2.95	2.80	2.64
스와질란드	6.54	6.13	5.3	4.49	3.91	3.45
튀니지	4.92	4.14	3.13	2.32	2.04	1.93
우간다	7.10	7.10	7.06	6.95	6.75	6.46
잠비아	6.95	6.66	6.28	6.00	5.65	5.18

출처 : 통계청 자료

6. 전 세계 출산율 변화의 시사점

　이상 전 세계 국가의 출산율을 살펴보았다. 정치가 불안정하고 사회 제도의 발달 수준이 낮으며, 여성의 권한이 낮고 빈부 격차가 크며 도시화 수준이 낮은 아프리카와 중동 지역의 출산율이 가장 높다. 반면에 공산주의의 영향을 받아 분배 지향적인 동유럽 국가들의 출산율은 가장 낮다. 이를 통하여 분배 위주의 사회복지 정책과 여권 신장, 도시화 등이 저출산의 중요 원인임을 알 수 있었다.

　독일과 동유럽의 경우 독일의 통일과 동유럽의 EU가입이 저출산에 크게 영향을 미침을 알 수 있었다. 우리의 경우에도 남북이 통일되면 북한 여성이 대규모로 남한으로 이주해 옴에 따라 북한의 출산율이 급격하게 낮아질 것임을 짐작할 수 있다.

　선진국 중에서 출산율이 높은 나라는 모두 혼외 출산율이 높은 나라이거나 이민자가 많은 나라들이다. 미국, 프랑스, 영국은 혼외 출산율이 높고 이민자도 많다. 북유럽 국가들은 혼외 출산율이 높다. 우리나라도 출산율을 높이기 위해서는 이민을 적극적으로 받아들이고 현재의 결혼 제도를 개선하여 혼외 출산율이 크게 높아지도록 해야 한다.

오세아니아 국가들의 출산율

국가별	1985	1990	1995	2000	2005	2010
오스트레일리아	1.91	1.86	1.86	1.78	1.76	1.79
뉴질랜드	1.96	2.05	2.06	1.95	1.96	1.99

출처: 통계청 자료

1. 산아제한 정책

"덮어놓고 낳다 보면 거지꼴을 못 면한다." 1962년 보건사회부는 대한민국 정부 수립 이후 최초로 산아제한 정책이 담긴 가족 계획을 발표했다. 대한 가족계획 협회를 설립하고 산아제한 슬로건도 발표했다.

다산은 농경 사회에서 사회적 미덕이었다. 하지만 일제 시대, 6·25 전쟁 등 불안정한 시대가 끝나고 사회가 안정을 되찾으면서 결혼과 출산이 줄을 잇게 되었다. 더구나 의료 기술의 발달로 영아 사망률이 줄어들어 인구 증가율이 치솟자 정부의 생각이 바뀌기 시작했다. 1950년대 출산율은 6.3명에 달했다. 급격한 인구 증가는 가난에 허덕여 먹을것이 부족하던 시절, 정부의 고민거리였다.

정부는 출산 억제를 위해 전국의 보건소에서 피임약을 무료로 배포했다. 정관 절제술도 마찬가지였다. 1965년엔 모자 보건법(임신중절 합법화)을 국회에 상정해 가족계획 사업 참여자에게 근로 보상금(1인당 800원)과 시술 휴가(2일)를 제공했다. 사업 초기에 노인들의 반발은 컸다. 경북 경산 군에서 가족계획 요원이 어느 집 며느리를 상대로 피임을 권하다 그 집 시아버지로부터 곰방대로 맞고 쫓겨나기도 했다.

1970년대 들어 산아제한 정책의 효과가 나타나기 시작했다. 출산율은 4.53명으로 줄었다. 정부가 권장하는 자녀 수도 2명으로서 1950년대(5명), 1960년대(4명)에 비해 줄었다. 당시 슬로건은 '아들 딸 구별 말고 둘만 낳아 잘 기르자' 였다.

남아선호 사상을 타파하는 사회 운동도 벌어졌다. 가족계획 어머니회는 '임신 안 하는 해'(74년)→ '남성이 더 피임하는 해'(75년)→ '나라 사랑 피임으로'(76년) 등의 캠페인을 벌이기도 했다.

두 자녀 이하 부모가 영구불임 수술을 할 경우 공공 주택과 금융 대출을 우대해 주었고, 영구불임 수술 가구 자녀에겐 취학 전 의료 혜택을 주었다. 1978년 서울시가 발표한 '올해의 피임 결산'에 따르면 당시 매월 14000명의 여성이 피임약을 복용했고, 2만 명의 남성이 콘돔을 사용한 것으로 조사됐다. 출산율이 2.83명으로 떨어진 1980년대의 슬로건은 '둘도 많다, 하나만 낳아 잘 기르자'였다.

산아제한 정책이 도입된 지 32년 만인 1994년 정부는 이 정책을 중단했다. 콘돔·피임약 무료 공급도 중단했다. 출산율(1.59명)이 급격히 떨어지자 정책 방향을 바꾼 것이다. 산아제한 정책을 위해 세워졌던 가족계획 협회(현 인구보건 복지협회)도 2005년 출산장려 기관으로 전환했다. WHO '세계보건 통계 2008'에 따르면 193개국 중 한국의 출산율은 1.19명으로 최하위이다.

일부 사람들은 정부의 산아제한 정책을 비난한다. 저출산을 조장했을 뿐만 아니라 저출산을 예측하지 못하고 너무 오랜 동안 산아제한 정책을 폈다는 것이다. 일부 맞는 말이기는 하다. 그렇지만 산아제한 정책이 저출산을 촉진하여 앞당긴 면이 없지는 않으나, 산아제한 정책 때문에 사람들이 아이를 안 낳는 것은 아니다. 사람들은 바보가 아니다. 자신들에게 이익이 안 되기 때문에 아이를 적게 낳는 것이다. 출산율을 높이려면 아이를 낳는 것이 국민들에게 이익이 되도록 해야 한다.

산아제한 홍보를 위한 포스터

"덮어놓고 낳다 보면 거지꼴을 못 면한다." 1962년 보건사회부는 대한민국 정부 수립 이후 최초로 산아제한 정책이 담긴 가족 계획을 발표했다. 사진은 달력 모양의 포스터

2. 경제 성장의 영향

어느 신문에서 '결혼하는 데 많은 돈이 들어 가난한 사람은 돈이 없어 결혼하지 못한다'고 한 기사를 본 적 있다. 여성들은 남성의 경제력을 중요시하기 때문에 남자의 경우 어느 정도 맞는 말이다. 하지만 여성의 경우에는 맞지 않다. 오히려 부유한 여성들이 더 결혼하지 않는다. 부자라기보다는 먹고 사는 걱정이 없는 사람들이 더 결혼하지 않는다. 우리 주변을 살펴보면 교사, 공무원, 은행원, 공사, 연구소 등의 안정된 직장에 다니고 있는 여성 중에 결혼하지 않은 사람들이 많은 것을 볼 수 있다. 먹고 사는 데 대한 걱정이 없고 안전 문제도 없으며, 친구를 사귀고 하고 싶은 일 재미 있게 하며 살 수 있으므로 결혼에 대한 필요성을 별로 못 느낀다. 오히려 가난한 여성들의 혼인율이 높다. 가난한 사람일수록 혼자 살기 어렵기 때문에 부족한 부분을 보완해 줄 배우자가 필요하다. 반면에 가난한 남성들의 혼인율은 낮다. 가난한 남자와 결혼할 여성은 없기 때문이다.

일반적으로 부유한 나라 사람들의 출산율이 낮은 것처럼 서울에서는 강남 사람들이 아이를 가장 적게 낳는다. 사람들은 점점 부유해져 가고, 그만큼 결혼 비율은 낮아진다. 출산율을 높이기 위해서는 중산층의 출산을 이끌어내야 한다.

가난한 여성들의 혼인 비율이 높다고 해서 이들의 출산율이 높은 것은 아니다. 완결 출산력을 보이는 40~44세의 연령대에서 평균 출생아 수는 학력에 관계 없이 거의 차이가 없다. 교육 수준이 높아지면서 초혼 연령도 높아져 출산이 지연되는 경향이 있지만, 교육 수준별 총 출생아 수는 크게 차이가 없다.

인구동향 조사 자료에 의하면 2000~2007년 사이에 교육 수준이 낮은 집단에서 다자녀 비율이 크게 감소했다. 다자녀 비율이 대졸 이상에서는 6.5→6.2%로 0.3% 감소했으나, 초졸에서는 31.3→17.6%로 급격하게 감소했다. 가난한 여성은 경제적인 이유로 남성과 결혼을 하지만, 기대 이익이 낮은 아이는 출산하지 않는 것이다.

자치구별 미혼율(주 출산연령층 25~34세 여성)과 합계출산율 관계 (2005년)

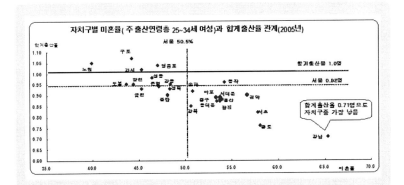

출처 : 서울시, 〈e-서울통계 5호〉

자치구별 합계 출산율(가임 여성 1명당 명)은 구로 1.15명, 노원 1.10명, 영등포 1.09명 순으로 높게 나타났으며, 강남 0.78명, 종로 0.80명 순으로 낮게 나타났다. 부자 동네인 강남, 종로, 서초의 여성들이 결혼을 안 하며 이로 인하여 출산율은 낮다.

3. 우리나라의 출산율

통계청의 출생통계 집계 결과 2008년 출생아 수는 46만6000명으로 2007년의 49만3000명보다 2만7000명이 감소했다. 여성 1명이 평생 낳을 것으로 예상되는 출생아 수를 나타내는 합계 출산율 역시 2007년 1.25명에서 2008년 1.19명으로 내려갔다.

1960년대 우리나라의 합계 출산율은 6.0명에 달했다. 하지만 출산억제 정책, 그리고 사회의 안정 및 경제 성장에 따라 1970년 4.53명을 기록한 출산율은 1975년 3.47명, 1980년 2.83명까지 내려갔다. 이후 계속 하락 추세를 보인 출산율은 2001년 1.30명을 나타내더니 2005년에는 1.08명까지 감소했다. 2006년과 2007년 각각 1.12명과 1.25명을 기록하며 잠시 올라가는 듯하던 출산율은 지난해 1.19명으로 다시 감소세로 돌아섰다. 인구대체 수준(인구를 현상 유지하는 데 필요한 출산율의 수준)은 선진국의 경우 2.1명으로 잡고 있다. 우리나라는 지난 1983년 2.1명 이하로 하락한 이래 저출산 현상이 지속되고 있어, 그 결과 총 인구가 2018년을 정점으로 감소할 전망이다.

지난 2005년 이래 우리나라의 출산율은 세계 최저 수준을 기록하고 있다. 경제협력개발기구(OECD) 회원국의 평균 출산율인 1.6명에도 훨씬 못 미치는 출산율을 나타내고 있다. OECD 국가 가운데서도 프랑스는 1.89명, 스웨덴은 1.8명, 미국은 2.05명의 출산율 수준을 유지하고 있다. 우리나라의 출산율은 이들 국가는 물론 세계적인 저출산 국가로 꼽히는 이탈리아(1.38명), 스페인(1.41명), 일본 (1.27명)보다도 낮은 수준이다.

이와 같은 출산율 하락은 25~29세 연령대 여성의 출산율이 크게 감소한 데 기인한다. 2006년 이후 주 출산 연령층인 25~29세의 출산율이 30~34세의 출산율보다 낮아지고, 20~24세의 출산율은 35~39세보다 낮아졌다. 지금도 이러한 추이가 지속되고 있다. 20대 출산율 저하의 근본 원인은 결혼을 안 하거나 늦게 하기 때문이다. 그 근본적인 원인은 사회 안정, 정치 안정, 범죄의 감소, 여권 신장, 도시화, 복지제도 강화, 사회제도 발달, 개인화 등을 들 수 있다.

우리나라의 출산율은 세계적으로도 매우 낮고 앞으로도 상당 기간 동안 출산율이 높아질 가능성은 낮다. 일부 선진국의 출산율은 1990년대 최저를 기록한 후 상승세를 보이고 있지만, 이민자가 적고 혼외 출산율이 낮기 때문에 우리나라의 출산율은 더욱 하락할 것이다.

우리나라 출생아 수 및 합계 출산율 추이

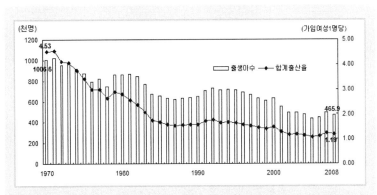

출처 : 통계청 자료
우리나라의 출산율은 1960년대 6명이었으나, 계속 감소하여 2008년 1.19를 기록하고 있다. 사회에 커다란 변화가 오기 전까지는 출산율이 높아지기를 기대하기 어렵다.

우리나라 출생아 수 및 출산율

연도	출생아 수(명)	조 출생률 (인구 1천 명당 명)	합계 출산율 (가임 여성 1명당 명)
1970	1,006,645	31.2	4.53
1971	1,024,773	31.2	4.54
1973	965,521	28.3	4.07
1974	922,823	26.6	3.77
1975	874,030	24.8	3.43
1978	750,728	20.3	2.64
1979	862,669	23.0	2.90
1980	862,835	22.6	2.82
1981	867,409	22.4	2.57
1982	848,312	21.6	2.39
1983	769,155	19.3	2.06
1984	674,793	16.7	1.74
1985	655,489	16.1	1.66
1986	636,019	15.4	1.58
1989	639,431	15.1	1.56
1990	649,738	15.2	1.57
1991	709,275	16.4	1.71
1994	721,185	16.0	1.656
1995	715,020	15.7	1.634
1996	691,226	15.0	1.574
1999	614,233	13.0	1.410
2000	634,501	13.3	1.467
2001	554,895	11.6	1.297
2004	472,761	9.8	1.154
2005	435,031	8.9	1.076
2006	448,153	9.2	1.123
2007	493,189	10.0	1.250
2008	465,892	9.4	1.192

출처 : 통계청 자료

4. 늦어지는 출산 연령

필자의 큰어머니는 14세에 첫 아이를 낳았다. 그때 큰아버지는 13세였다. 요즘 이런 일이 일어나면 사회적으로 큰 문제이겠으나 그 당시에는 10대에 결혼하고 출산하는 것이 일반적이었다. 필자의 어머니는 조금 늦어서 17세에 첫 아이를 낳았다. 이와 같이 10대 중반에 결혼하여 2~3년마다 한 명씩 아이를 낳아 평생 6~7명 정도를 출산했다. 필자의 큰집은 4남매이지만 우리 집은 8남매, 당숙은 13남매였다. 우리 동네에서 가장 많은 아이를 낳은 집은 16남매였다.

그 당시는 일찍 결혼하여 많은 아이를 낳는 것이 지극히 당연한 일이었다. 전쟁으로 사회는 불안정하고 평균 수명은 30세 정도밖에 안 되며, 아이를 낳아도 죽는 경우가 많아 10대부터 열심히 낳아도 3~4명밖에 키우지 못하기 십상이었기 때문이다. 현재의 아프리카와 유사했다. 전쟁으로 사회가 불안하여 가족이 절실히 필요하므로 일찍 결혼하여 많은 아이를 낳은 것이다.

수십 년이 지난 현재는 상황이 완전히 바뀌었다. 2008년 우리나라 출산 여성의 평균 연령은 30.79세이다. 100년 전에는 이미 5명의 아이 엄마가 되어 있을 나이다. 출산 연령은 계속 높아져 전년에 비해 0.21세 높아졌으며, 출산 순위별로 본 여성의 평균 출산 연령도 모두 전년보다 높아졌다. 첫째아 평균 출산 연령은 29.60세로 전년보다 0.18세 증가했고, 둘째아 이상도 둘째아 31.69세, 셋째아 33.80세, 넷째아 이상

35.66세로 각각 0.19세, 0.18세, 0.12세씩 증가했다.

　이렇게 출산 연령이 늦어지는 이유는 아이는 필요 없고 하고 싶은 일은 더 많아졌기 때문이다. 더 많이 배우고 싶고, 더 많은 것을 해보고 싶기 때문이다. 대학을 졸업하고 대학원, 박사까지 하고 전문가로 성공하고 싶기 때문이다. 이것이 결혼 기피와 만혼을 유발하여 출산 연령이 계속 높아진다. 젊은이들이 이른 나이에 출산하지 않고서는 출산율 상승은 요원하다.

여성의 평균 출산연령 (단위: 세)

	1998	1999	2000	2001	2003	2004	2005	2006	2007	2008
평균	28.48	28.68	29.02	29.26	29.71	29.98	30.22	30.43	30.58	30.79
첫째아	27.11	27.38	27.68	27.97	28.57	28.83	29.08	29.27	29.42	29.60
둘째아	29.23	29.41	29.67	29.88	30.44	30.77	31.03	31.28	31.50	31.69
셋째아	31.91	32.05	32.23	32.47	32.87	33.07	33.30	33.48	33.62	33.80
넷째아 이상	34.23	34.40	34.51	34.76	34.87	35.24	35.34	35.41	35.54	35.66

출처 : 통계청 자료
출산 연령이 지속적으로 높아지고 있다.

여성의 평균 출산연령 추이

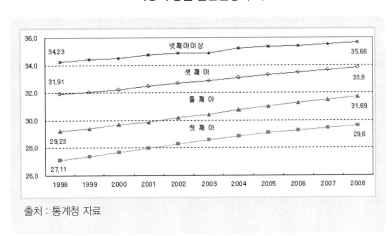

출처 : 통계청 자료

우리나라 대학 진학률 증가 추이 (단위 : %)

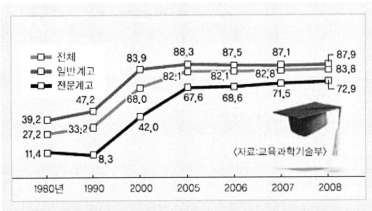

출처 : 〈한국일보〉, 2009년 10월 19일

대부분 대학을 나오고 대학원, 박사까지 하고 전문가로 성공하기 바란다. 유학도 가고 군대도 다녀오고 나면 30을 한참 넘는다. 결혼하여 아기 낳는 일은 어려울 수밖에 없다.

5. 여성의 경제활동 참여

농경 사회에서 여성들은 매우 많은 일을 했다. 농사일과 취사, 빨래, 옷 만들기 등의 가사일로 쉴 틈이 없었다. 이와 같이 농경 사회에서 여성은 일은 많이 하면서도 남성에게서 경제적으로 벗어날 수 없었다. 제도적으로 여성이 경제적으로 독립하는 것을 뒷받침해 주지 못했기 때문이다.

산업 사회에 들어서는 대부분의 여성이 결혼하여 전업주부가 되었다. 좋은 일자리가 부족했던 것도 원인이지만, 더 큰 이유는 결혼하면 좋은 아내가 되어야 하고 아이를 잘 키워야 한다는, 즉 '현모양처'가 되어야 한다는 유교적 농경 문화의 영향 때문이었다. 하지만 먹고 사는 문제와 안전 문제가 해결되고 민주주의가 발달하며 사회가 안정되어 개인 위주의 사회로 바뀜에 따라 여성들은 결혼하여 가정에 있기보다는 하고 싶은 일을 찾아 나서게 되었다. 산업이 발달할수록 좋은 일자리가 늘어나 여성의 경제활동 욕구를 더욱 부추겼다.

이러한 결과는 통계에 잘 나타나 있다. 2008년 경제활동 인구는 24,347천 명이며, 그 중에서 여성은 10,139천 명으로서 41.6%를 차지한다. 2008년 여성 경제활동 참가율은 50.0%로 꾸준히 증가해 왔다. 특히 미혼자의 경제활동 참가율이 가파르게 증가하고 있다. 여성의 경제활동 참가율 증가는 여성으로 하여금 경제 문제를 스스로 해결할 수 있게 하여 남성에 대한 의존도를 낮춘다. 따라서 여성의 경제활동 참가율이 증가하면 혼인율은 자연스럽게 낮아진다.

2008년 연령별 경제활동 참가율을 보면 25~29세가 69.3%로 가장 높고, 40~49세가 66.0%로 그 뒤를 이었다. 반면에 육아 부담이 큰 30~34세는 53.3%에 그쳐 상대적으로 낮은 수치를 보여준다. 실제로 노동부가 실시한 2009년 3월의 남녀 고용평등 국민의식 조사에서 응답자의 59.3%가 여성 취업의 가장 큰 장애 요인으로 육아 부담을 꼽았다. 여성이 아무런 불편 없이 일과 육아를 같이 감당할 수 있도록 하지 않고서는 출산율 증가는 어려울 수밖에 없다. 출산율 증가를 위해서 가장 먼저 해야 하는 일은 출산과 육아 때문에 일을 중단하는 일이 없도록 출산과 양육 환경을 개선하는 것이다.

경제활동 인구 및 참가율 (단위 : 천 명, %)

	전 체		여 성		남 성		남녀 차 (참가율)
	인 구	참가율	인 구	참가율	인 구	참가율	
1998	21,428	60.6	8,576	47.1	12,852	75.1	28.0
2000	22,134	61.2	9,101	48.8	13,034	74.4	25.6
2003	22,957	61.5	9,418	49.0	13,539	74.7	25.7
2005	23,743	62.0	9,860	50.1	13,883	74.6	24.5
2006	23,978	61.9	10,001	50.3	13,978	74.1	23.8
2007	24,216	61.8	10,092	50.2	14,124	74.0	23.8
2008	24,347	61.5	10,139	50.0	14,208	73.5	23.5

출처 : 통계청 자료

여성의 경제활동 참가율(%)

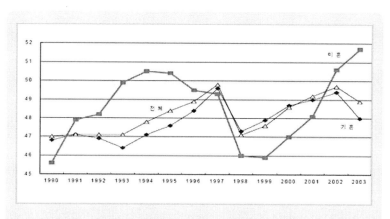

출처 : 삼성경제연구소, 〈보고서 제527호〉, 2005년 11월 16일

여성의 경제활동 참여가 혼인율에 매우 큰 영향을 준다는 것을 알 수 있다. 결혼하여 아이 낳고 양육하는 데 어려움이 없어야만 출산율이 올라감을 짐작할 수 있다.

여성의 연령별 경제활동 참가율(%)

연령	15~19	20~24	25~29	30~34	35~39	40~44	45~49	50~54	55~59
참가율	7.5	54.6	69.3	53.3	58.6	65.9	65.8	60.3	52.5

출처 : 노동부

경제활동 인구: 생산가능 인구(16~60세의 남성과 16~55세의 여성) 중 노동 공급에 기여한 사람

2005년 OECD 회원국 여성의 경제활동 참가율(15~64세) (단위 : %)

호주	오스트리아	캐나다	스위스	독일	덴마크
68.4	65.6	73.1	74.3	66.9	75.1

핀란드	프랑스	영국	일본	미국	스웨덴
72.9	63.8	69.7	60.8	69.2	76.6

한국 : 54.5%

출처 : 통계청 자료

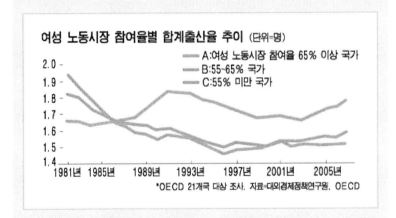

여성 노동시장 참여율별 합계출산율 추이 (단위=명)

A:여성 노동시장 참여율 65% 이상 국가
B:55~65% 국가
C:55% 미만 국가

*OECD 21개국 대상 조사. 자료=대외경제정책연구원, OECD

출처 : 〈매일경제〉, 2009년 9월 7일

여성의 경제활동 참가율이 높은 나라가 출산율도 높다. 직장에 다니면서도 출산과 육아에 어려움이 없어야 아이를 많이 낳기 때문이다. 우리나라도 출산과 육아 환경을 개선해야 출산율이 올라갈 수 있다.

6. 미혼율

농경 사회에서는 모든 여성이 결혼을 했다. 그것도 아주 어린 나이에 결혼했다. 예외가 있다면 정신병이 있다든가 큰 장애가 있어 일할 수 없는 경우에만 결혼을 하지 못했다. 아무도 받아주지 않았기 때문이다. 얼굴이 못생겼어도 키가 작아도 모두 결혼을 했다.

필자의 동네에는 9명의 여자 동창들이 있었는데, 필자가 고등학교를 졸업할 즈음에 결혼하기 시작하여 25세 전에 모두 결혼했다. 그 당시에는 여성이 혼자서 경제적으로 자립하기 어려웠고 독자적으로 할 수 있는 일도 거의 없었기 때문이다. 따라서 결혼은 생존을 위한 당연한 선택이었다.

하지만 불과 수십 년 후에 상황은 크게 바뀌었다. 요즘 들어 결혼하지 않는 여성이 급증하고 있다. 일찍 결혼하는 사람이 있으면 오히려 이상하게 생각한다. 다시 생각해 보라고 말리기까지 한다. 결혼을 구태여 할 필요도 없거니와 결혼을 일찍 할 필요는 더욱 없기 때문이다.

2000~2005년 사이 여성들의 미혼율을 보면 25~29세 여성은 39.7%에서 59.1%로 높아졌다. 30~34세 여성의 미혼율은 10.5%에서 19.0%로 배 가까이 높아졌다. 35~39세 여성의 미혼율 역시 같은 기간 동안 4.1%에서 7.6%로 증가했다.

미혼 여성들 가운데는 고학력·전문직이 많다는 게 특징이다. 30~34세의 미혼 여성 중 관리·전문직 비율은 27.4%나 됐다. 경제적으로 자립할 수 있으면 그만큼 결혼에 대한 필요성이 줄어들기 때문이다. 반면 자녀가 있는 결혼 여성 중에선 그 비율이 9.7%에 불과했다.

지역별 미혼율을 보면, 2005년 미혼 여성 비율 상위 1~3위는 서울 강남구(21.0%), 대구 중구(20.8%), 부산 중구(18.1%)가 차지했고, 하위 1~3위는 전남 무안군(0.8%), 울산 북구(1.5%), 충북 증평군(1.9%)이 차지했다. 경제적 자립, 경제활동 참여와 결혼이 밀접한 관계가 있음을 보여준다.

30대 총 인구 중 미혼자 비율은 2000년 13.4%에서 2005년 21.0%로 급증했다. 이런 추세로 증가한다면 2018년에는 40%에 도달할 것으로 추정된다. 머지 않아 아무도 결혼하지 않는 사회가 도래할 것이며, 그로 인하여 출산율은 더욱 하락할 것이다. 가장 좋은 해결책은 하루 빨리 현재의 결혼 제도가 사라져 결혼과 관계 없이 아이를 낳을 수 있도록 하는 것이다.

우리나라 미혼 여성 비율 변화

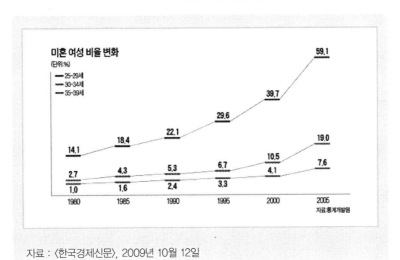

자료 : 〈한국경제신문〉, 2009년 10월 12일

우리나라 20대 여성 미혼율

연 도	1970	1980	1990	2000	2005
미혼율	34.6%	43.4%	50.8%	63.2%	69.3%

출처 : 통계청, 〈세계 및 한국의 인구 현황〉, 2005년 7월

미혼율은 계속 증가하여 결국 결혼 제로의 시대가 온다. 결혼 제도를 개선하고 혼외 출산을 늘려야 하는 이유이다.

결혼하지 않는 이유 (25~34세) (단위 : %)

이유	남	여
너무 젊다	5.3	2.3
필요성을 못 느낀다	33.6	34.2
일에 몰두하고 싶다	16.9	15.4
취미를 즐기고 싶다	23.3	21.1
자유와 편안함을 잃고 싶지 않다	43.7	33.7

결혼하면 무엇이 손해인가? (25~34세)

항목	남	여
배우자 집안과의 관계	226	397
호적 변경	15	76
부모 밑에서 지내는 것이 편하다	110	153
사회적 책임	225	109
자녀를 원치 않는다	23	42
일에 지장을 준다	48	103
돈을 마음대로 쓸 수 없다	443	250
연애를 할 수 없다	171	115
자유를 빼앗긴다	505	458

출처 : 레포트 월드

먹고 사는 문제가 해결되어 젊은이들은 자아 실현에 집중한다. 출산율을 높인다는 것이 얼마만큼 어려운 일인가를 짐작할 수 있다.

7. 저출산의 문제점

저출산으로 큰 위기가 온다고 한다. 나라의 존망조차 위태롭다고도 한다. 현재와 같이 저출산이 지속되면 우리나라의 총 인구는 2018년에 4934만 명을 정점으로 하여 감소하리라는 전망이다. 15~64세의 생산 가능 인구는 2016년부터 감소하게 된다. 노동력의 주축인 30, 40대 인구 수는 이미 2006년부터 감소하기 시작했다. 특히 그동안 교육·주택·노동시장 등에서 수요를 증폭시켰던 베이비붐 세대의 은퇴가 5~10년 이내에 본격화한다는 점을 감안하면 이제부터 저출산으로 인한 문제가 본격적으로 나타나게 될 것이다.

인구 감소와 함께 진행되는 것이 고령화이다. 우리나라는 지난 2000년 고령화 사회로 들어선 이후 세계에서 유례를 찾아보기 힘들 정도로 고령화의 속도가 빠르다. 2016년엔 유소년 인구(0~16세)보다 65세 이상의 노인 인구가 더 많아질 것으로 예측되며, 2018년엔 고령 사회, 2026년엔 초고령 사회로 접어들 것으로 예측된다. 고령화 사회에서 고령 사회, 초고령 사회로 이동하는 기간이 각각 18년과 8년의 기간에 불과하다. 다른 나라보다 매우 빠른 속도이다.

저출산은 생산가능 인구 감소에 따른 노동력 부족, 근로연령 상승, 소비·저축·투자 위축과 정부 재정수지 악화를 초래하고, 그것은 잠재 성장률의 둔화를 가져온다. 한국개발연구원(KDI)의 연구에 따르면, 합계 출산율이 1.2명을 유지할 경우 우리나라의 잠재 성장률은 2000년대

4.56%에서 2020년대 2.91%, 2040년대에 0.74%로 감소할 전망이다.

총 인구가 감소함에 따라 내수가 위축되고 생산가능 인구가 줄어들면 질 좋은 노동력이 부족해져서 결국 저성장으로 이어진다. 또 초·중·고·대학생 등 학령 인구가 지속적으로 감소하여 당연히 각급 학교의 구조 조정을 불가피하게 만든다. 6~21세의 전체 학령 인구는 2005년 1058만 명에 달했지만, 2020년엔 743만 명, 2030년 616만 명, 2050년에는 460만 명으로 급격히 줄어들 것으로 예상된다.

노동력 감소와 상품에 대한 수요 감소로 기업이 큰 어려움을 겪을 것이며, 그로 인해 세금이 줄어들어 정부 또한 재정난을 겪을 것이다. 노동력 감소로 서비스 비용이 크게 상승할 것이며, 국민은 보다 많은 세금, 높은 물가를 부담해야 한다. 또 자산가격 하락으로 부가 감소하는 등 고통을 겪을 것이다. 그로 인해 근로 의욕이 크게 저하되고 활력을 잃은 사회가 될 것이다. 특히 젊은이들은 높은 세금으로 근로 의욕을 상실하고 기회만 되면 우리나라를 탈출하려 할 것이다. 또한 인구 감소와 도시화로 인구가 수도권에 집중되어 지방은 빠른 속도로 황폐화되고 말 것이다.

모든 것에는 양면이 있듯이 저출산은 좋은 점도 많다. 그동안 하늘 높은 줄 모르고 오르던 집과 토지 가격이 크게 하락하여 집을 장만하는 게 매우 쉬워질 것이다. 현재의 어린이들이 성인이 되었을 때는 대부분 집 장만하는 데 어려움이 없을 것이다. 집값이 쌀 뿐 아니라 시집과 친정에서 집을 물려받을 수도 있기 때문이다. 도시민을 고생시키던 교통 여건도 크게 개선되고 인구 밀도도 낮아져 보다 여유 있는 삶을 살 수 있게 될 것이다. 인구 감소로 사람의 가치가 상승하여 사람들이 보다 대접 받는 사회가 될 것이다. 노동 공급의 감소로 노동의 가격이 크게 상승할 것이다. 따라서 근로자는 적은 노동으로 보다 많은 수익을 얻을 수 있을 뿐만 아니라, 경쟁이 완화되어 유럽 사람들처럼 매우 편안하게 살게 될 것이다.

저출산은 국가와 기업에게는 재앙이지만, 국민들에게는 반드시 재앙이라고 말하기 어렵다. 저출산이 정말로 재앙인지 다시 잘 생각해 봐야 할 일이다. 그리고 저출산이 정말로 재앙이라면 국민의 합의를 모아 자녀가 없는 사람들이 저출산에 따른 부담을 져야 할 것이다.

연도별 초등학생 수(단위:만 명)

연도	1962	1971	2000	2003	2005	2007	2008	2009
학생 수	408.9	580.7	402.0	417.6	402.3	383.0	367.2	347.4

출처 : 〈한국교직원신문〉, 2009년 10월 12일
초등학생 수가 계속 줄어든다. 중학생, 고등학생, 대학생도 계속 줄어든다. 저출산에 따른 하나의 현상이다.

8. 저출산의 종말

저출산은 세계적인 흐름이다. 끝이 안 보이는 도도한 흐름이다. 아메리카, 유럽, 아프리카, 중동, 아시아 할 것 없이 전 세계 모든 지역의 출산율이 감소하고 있다. 이렇게 출산율이 감소하면 머지 않아 지구 상에서 인간이 사라질 것 같지만, 결코 저출산으로 인간이 사라지는 일은 없다. 저출산으로 인구가 줄다가 언젠가는 다시 증가한다. 다음과 같은 상황에서 출산율은 다시 상승할 수 있다.

첫째, 연금 제도가 깨지면서 저출산 추세에 변화가 올 것이다.

잘 알려진 바와 같이 국민연금은 고갈되게 되어 있다. 시간 문제일 뿐이다. 젊은이는 줄고 노인은 늘어나 연금은 많이 주기 때문에, 즉 수입보다 지출이 많기 때문에 고갈된다. 고갈되면 세금으로 일부 보충하겠지만, 젊은이가 줄어드는데 세금이라고 충분할 리가 없다. 세금이 늘어나면 젊은이들이 우리나라를 탈출하여 세금은 더욱 줄어들게 될 것이다. 결국 연금은 고갈될 수밖에 없다. 국민연금이 파산하기 전에 연금 제도를 수정할 것 같지만 그럴 가능성은 적다. 점점 늘어나는 노인 인구 때문에 국회의원들은 결코 연금 수령액을 줄이지 못할 것이다. 여당이건 야당이건 계속 많은 연금을 노인에게 주고, 부족한 부분은 세금으로 보충하려 할 것이다. 결국 파산할 때까지 가게 될 것이다. 파산하면 어쩔 수 없이 연금을 대폭 줄이는 방향으로 연금 제도를 수정하게 된다.

연금의 파산으로 연금 수령액이 대폭 감소하여 노후 생활이 위협 받으면 자녀들에 대한 의존도가 증가하여 아이를 낳게 된다.

둘째, 복지 제도의 축소가 출산을 촉진하게 된다.
연금과 마찬가지로 인구 감소는 세금 감소를 불러와 복지를 축소할 수밖에 없다. 복지의 축소는 자녀에 대한 의존도를 높여 출산율을 높이게 된다.

셋째, 젊은이의 탈출이 출산율을 높인다.
노인 인구의 증가와 복지정책의 강화로 정부는 세금을 끝없이 늘리려 할 것이다. 그에 따라 능력 있는 젊은이는 세금이 적은 나라로 이주하고, 그로 인해 경제는 더욱 침체한다. 이것은 이미 일부 유럽에서 일어나고 있는 현상이다. 세계화로 국경의 장벽이 낮아짐에 따라 머지 않은 미래에는 젊은이들의 탈출이 어렵지 않을 수 있다. 정부는 결국 세금과 연금, 복지를 줄일 수밖에 없다. 이렇게 하여 분배주의적 복지와 함께 저출산도 멈추게 된다.

넷째, 안전 문제가 출산율을 높인다.
과학 기술과 사회 제도의 발달로 사회가 안전해졌지만, 인구가 상당히 줄어들면 안전에 허점이 생길 수밖에 없다. 지구 모든 곳을 안전하게 관리할 수는 없기 때문이다. 따라서 인구가 극단적으로 줄면 범죄율이 높아지고 맹수도 증가하여 안전에 위협을 받게 된다.

다섯째, 극단적인 인구 감소가 출산율을 높인다.
인구가 지나치게 줄면 같이 지낼 사람, 같이 일할 사람, 같이 놀 사람이 줄어든다. 사랑의 욕구를 충족시킬 사람도 줄어든다. 따라서 인간의 가치가 상승한다. 결국 지나친 인구 감소는 출산율을 높이게 된다.

여섯째, 전쟁이 출산율을 높인다.

현재는 전쟁이 매우 적지만, 사회 환경 변화에 따라서 큰 전쟁이 일어날 수 있다. 큰 전쟁은 사회를 불안으로 몰고 갈 것이며 그에 따라 출산율은 높아질 것이다.

일곱째, 종교가 출산율을 높인다.

대부분의 종교는 농경 사회가 시작되면서 만들어졌다. 불교와 유교가 BC 6세기에 만들어졌고, 기독교와 회교는 BC 5세기에 만들어진 유대교에서 파생되었다. 따라서 이들 종교는 농경 사회의 철학을 담고 있다. 남존여비와 남아선호 성향이 강하다. 지금도 종교적 색채가 강한 중동 지역과 아프리카 일부 지역은 여권이 제한을 받아 출산율이 높다. 반면에 기독교 인구가 줄어드는 유럽은 여권 신장과 함께 출산율이 낮아졌다. 미국 유타 지역에는 몰몬교도가 많은데, 일부 다처제로 살아가는 몰몬교의 영향으로 출산율이 매우 높다. 이와 같이 종교는 출산율에 영향을 줄 수 있다. 특히 남성 중심적이고 종교의 이름으로 여권과 인권을 억압하는 종교가 전 세계를 점령하면 출산율은 급격히 올라갈 수 있다.

제5장

저출산 해법

1. 저출산은 시대의 흐름

저출산에 가장 큰 영향을 미친 요소는 안전이다. 과학 기술과 사회 제도가 발달함에 따라 범죄가 크게 감소하고 사회가 안전해졌다. 동시에 산업이 발전하고 도시화되면서 개인화 시대가 시작되고 출산율이 낮아지게 되었다.

모든 문제의 해결이 그렇듯이 그 원인을 제거하면 된다. 열이 나면 해열제를 먹으면 되고, 홍수가 나면 제방을 튼튼하게 쌓으면 된다. 따라서 출산율을 높이는 가장 쉬운 방법은 사회를 불안하게 만들면 된다. 우선 물리적 안전을 나쁘게 하기 위하여 전쟁을 일으키고 거리의 가로등을 없애고 CCTV를 사생활 침해라는 이유로 설치하지 못하게 하면 된다. 사생활 보호라는 이름으로 휴대폰에 어떠한 기록도 남아 있지 않게 하고, 은행거래 내역, 카드거래 내역 등의 어떠한 기록도 하지 못하게 하면 된다. 경제적 안전을 나쁘게 하기 위해서는 각종 사회복지 제도도 없애면 된다. 연금 제도, 의료보험 제도, 각종 서민 지원 제도를 없애서 서민들의 삶이 어려워지게 하면 된다. 불공정과 부패가 판을 치게 하여 억울한 사람들이 속출하게 하면 된다. 그러면 사람들은 자발적으로 짝을 찾고, 아이도 많이 낳으며, 지난 10년간 한번도 본 적 없는 팔촌까지 찾아 다니며 끈을 만들 것이다. 모두 가정과 집안을 중요하게 생각하여 고조할아버지 제사까지 다시 지낼 것이다.

여성의 인권을 제한하는 것도 매우 효과적인 방법이다. 지금의 중동 국가들처럼 하면 된다. 히잡으로 얼굴을 가리게 하고, 운전도 못 하게 하며, 직업에 제한을 두고, 모든 잘못을 여성에게 덮어씌우면 된다. 이같이 억울하고 부당한 일이 많으면 많을수록 여성은 기필코 결혼하여 많은 아이를 낳을 것이다.

하지만 문제는 시대의 흐름을 거꾸로 돌릴 수 없다는 데 있다. 진시황이 불리한 지식의 전파를 막기 위해 책을 불 태우고 유생을 죽였으나 시대의 흐름을 거꾸로 돌리지 못했듯이, 그 누구도 불안전한 사회, 인권이 보장받지 못하는 사회로 바꿀 수는 없다. 범죄가 기승을 부리면 국민들이 그 정부를 그냥 둘 리 없다. 사회복지 제도를 축소하는 정부는 다음 선거에서 패배할 각오를 해야 할 것이다. 인맥을 동원하고 뇌물을 쓰고 편을 갈라 자기 편 만 챙기는 등 불공정이 난무하면 시민들이 촛불이 아니라 횃불을 들고 청와대로 몰려갈 것이다. 여성의 인권을 제한하고 불이익을 주면 다음 선거에까지 가지도 못하고 하차하고 말 것이다.

이 같은 예는 유럽에서 잘 볼 수 있다. 지나친 복지로 경제가 활력을 잃고 인구가 감소하자 유럽 국가들은 각종 복지 혜택을 축소하고 세금을 낮추려 한다. 하지만 연금을 줄이려 하면 노인들이 노인당을 만들어 정부에 압박을 가하고, 학생들에 대한 혜택을 제한하려 하면 학생들이 데모를 한다. 외국인에 대한 지원이 늘어나지 않으면 외국인들이 폭동을 일으킨다. 우리나라에서도 2009년에 장애인들이 대규모로 데모를 했다. 더 많은 연금을 달라는 것이다. 복지를 늘리는 것은 쉬우나 줄이는 것은 거의 불가능하다. 나라가 망하거나 큰 전쟁이 나거나 또는 국가 전체를 공포에 떨게 하는 커다란 공황이 오기 전까지는 불가능하다.

저출산의 원인이 무엇인지 알지만 그 원인을 제거하는 방법으로는 저출산 문제를 해결할 수 없다. 이것이 저출산 문제를 해결하기 어려운 까닭이다. 시대가 바뀌었으니 그 해결책도 새로운 방법이 되어야 한다.

새로운 방법의 핵심은 사람의 욕구에 있다. 자녀를 낳지 않는 것은 자녀의 가치가 부모가 지출하는 비용보다 낮기 때문이다. 따라서 출산율을 높이려면 자녀의 가치는 높이고, 자녀에게 들어가는 비용은 낮추어야 한다. 자녀가 있음으로 해서 부모가 행복하고 이익이 되도록 해야 한다. 즉 경제적으로 혜택이 가게 하고, 신체적으로 안전하게 살 수 있도록 하며, 자녀가 있음으로 해서 가정이 화목해질 수 있도록, 또한 자녀가 있음으로 해서 존중받을 수 있도록 하고, 자녀가 있어도 자아 실현하는 데 방해가 되지 않도록 해야 출산율이 증가한다.

하지만 현실적으로 자녀의 가치보다 부모의 비용이 더 낮게 들도록 하는 것은 매우 어렵다. 자녀의 가치가 매우 낮아졌기 때문이다. 농경사회에서의 가치와 비교한다면 1/10에도 못 미친다. 따라서 저출산 문제는 현실적으로 해결하기 매우 어려운 상황이다.

이러한 사회적 변화와 저출산 문제는 우리나라만의 문제가 아니다. 전 세계적으로 매우 강력한 시대의 흐름이다. 후진국, 아프리카, 남미, 중동 국가 등 현재 출산율이 높은 나라도 계속 감소하는 중이다. 과학 기술의 발달로 안전한 사회로의 변화, 민주주의의 보급으로 인권 신장, 사회 제도의 발달, 복지 제도의 발달, 긴 교육 기간, 여권 신장, 경로사상의 소멸, 도시화, 세계화, 전쟁의 감소 등으로 개인화되고 있으며, 따라서 비혼과 이혼의 증가, 저출산이 나타난다. 이러한 추세는 도도하게 흐르는 강물과 같이 너무나도 강력하여 누구도 쉽게 막을 수 없을 뿐만 아니라 앞으로도 상당 기간 동안 계속될 것이다.

시대의 흐름은 인간의 힘으로 바꾸기 어렵다. 바꾸기 어렵다면 우리의 선택은 자명하다. 시대의 흐름에 우리가 맞춰야 한다. 이것은 역사가 우리에게 수없이 가르쳐준 교훈이다. 최대한 노력은 해야 하지만, 저출산이 현실임을 인정하고 받아들여야 한다. 조세 제도, 연금 제도, 의료 제도, 교육 제도, 국방 제도 등 각종 제도를 인구 감소에 맞게 지금부터 수정해 나가는 것이 미래의 큰 혼란을 다소나마 감소시킬 수 있다.

자녀가 없는 사람들이 말하는 아이를 낳지 않는 이유

경제적으로 부담이 된다.	47%
자식을 낳기에는 너무 젊다고 생각한다.	47%
직업 상 아이를 낳기가 어렵다.	37%
아직 적당한 배우자를 찾지 못했다.	28%
최대한 여유 있게 살고 싶다.	27%
하고 싶은 일이 너무 많다.	27%
자식은 너무 힘들다.	27%
최대한 독립적으로 살고 싶다.	26%
친구들을 만날 시간이 줄어든다.	19%
파트너와의 관계가 안정적인지 확신이 없다.	17%
직장에서 불이익을 당할까 봐 겁난다.	16%

출처: 알렌바허 문서실, 〈IfD-설문조사 5177〉
독일에서 18세에서 44세까지 1257명을 조사했는데, 그 중에서 575명이 자녀가 없었다. 2004년.
대부분의 응답이 본질적으로 '자녀가 필요 없다' 라고 말한다. 자녀의 가치가 감소했으므로 자녀를 양육하는 데 소요되는 비용은 더 감소해야 출산율이 높아질 것이다.

2. 결혼제도의 개선

　우리나라 출산율 감소의 주 원인은 결혼하지 않는 사람들이 증가하는데 있다. 앞으로도 결혼하지 않는 사람은 계속 증가할 것이다. 그러므로 결혼하지 않는 사람이 아이를 낳도록 하지 않고서는 출산율 증가를 기대할 수 없다.

　사람들이 결혼하지 않는 이유는 결혼이 이익이 되지 않기 때문이다. 변화된 사회 환경에 맞지 않기 때문이다. 따라서 시대에 맞지 않고 출산에 방해가 되는 현재의 결혼 제도는 사라지거나 변화될 수밖에 없다. 국민이 기피하는 결혼 제도라면 하루 빨리 개선해야 한다.

　결혼하지 않는 사람들이 증가한다면, 그들이 결혼하지 않고도 아이를 낳도록 해야 출산율이 올라간다. 그런데, 우리나라의 비혼자(非婚者)가 출산하는 아이의 비율은 1.8%로 매우 낮다. 낮은 이유는 자녀를 갖고 싶은 마음이 없기 때문이기도 하고, 혼외 출산을 하면 사람들이 안 좋게 보기 때문이다.

　유럽 일부 국가의 경우 혼외 출산이 50%를 넘는다. 미국도 40%에 달한다. 기존의 결혼 제도가 가치를 상실하고 근본적으로 변하고 있음을 의미한다. 프랑스가 저출산 극복에 성공한 것은 경제적 지원만으로 가능했던 것은 아니다. 1999년 동거 부부도 결혼 부부에 준하는 사회적 권리를 인정하고, 2004년 민법전에서 '혼인가정 자녀'와 '혼외가정 자녀'의 구분 조항을 없앴다. 이런 법적 · 문화적 · 사회적 변혁이 경제적 지원책과 동시에 실시된 덕분에 혼외 출산율이 2007년 50.5%에 달했으며, 그에 따라 출산율도 높아지게 되었다. 하지만 보수적인 가톨릭 국가(이탈리아, 스페인)와 우리나라 같은 유교 국가(일본, 대만, 싱가포르, 중국)에서는 혼외 출산이 적고, 그 때문에 다른 국가보다 출산율이 더욱 낮다. 우리나라도 유럽처럼 혼외 출산이 40%에 달하면 출산율은 2008년 1.19에서 1.98로 크게 높아질 것이다.

결혼 제도를 갑작스럽게 바꾸면 큰 혼란을 초래할 수도 있지만, 혼외 출산을 촉진하기 위하여 결혼 제도, 호적 제도의 변경뿐만 아니라 국민들의 인식도 변해야 한다. 혼외 출산아도 양육하는 데 전혀 어려움이나 차별이 없도록 제도와 의식이 바뀌어야 한다. 또한 동거 부부도 혼인 부부와 똑같은 권리를 갖도록 하여 불이익을 받지 않게끔 제도를 개선해야 한다. 싱글 맘도, 싱글 대디도 혼자서 아이 키우는 데 어려움이나 차별이 전혀 없도록 만들어야 한다. 결혼하지 않는 사람들이 아이를 낳지 않게 하고서는 백약이 무효하다.

첫째, 사람들이 결혼을 하든 말든 관여하지 말고 동사무소에 신고할 필요도 없게 해야 한다. 이혼도 아주 쉽게 해야 한다. 문자 메시지나 이메일로 이혼을 통보하면 끝날 정도로 간편하게 만들어야 한다. 현재 이혼 숙려기간을 두는 것과 같은 조치로 이혼을 어렵게 만들고 있는데, 이것은 이혼을 줄일 수는 있으나 결혼에 대한 부담감을 높여 혼인율 감소를 초래한다. 이혼을 아주 쉽게 만들어야 오히려 결혼이 증가할 수 있다.

둘째, 동거하거나 혼자 아이를 낳아 기르는 사람에게 어떠한 차별도 없어야 한다. 혼인율이 감소하므로 당연하게 비혼자의 출산율을 높여야 한다. 비혼자가 혼자서도 아이 키우는 데 아무런 어려움이 없어야 출산율이 올라갈 수 있다.

셋째, 개인화 시대에 맞게 호적을 1인1적 제로 해야 한다. 만남과 헤어짐이 끊임 없이 반복되는 개인화 사회에서, 같이 사는 사람들을 하나의 호적에 두면 헤어질 때 부담이 될 수밖에 없다. 개인화 시대에는 개인이 가족이고, 개인이 경제의 주체이다. 개인이 전 세계를 떠돌아다니며 사는 시대이다. 1인1적 제로 갈 수밖에 없다.

개선이 요구되는 제도

결혼	결혼 신고 받지 않음
이혼	자의에 의하여 마음대로 이혼. 정부에서 관여하지 않음
호적제	1인1적 제로 결혼과 이혼, 출산에 아무런 영향이 없도록 함
동거	결혼한 자와 같은 법률적 권리를 가짐
혼외 출생아	결혼한 부부에게서 태어난 자와 차별 없게 함

우리나라 남녀(20~44세)의 결혼하지 않는 이유 (2005)

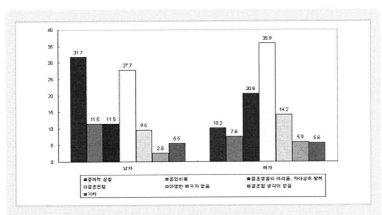

출처 : 한국보건사회연구원, 〈연구 2006-22-1〉

남성은 주로 경제적인 이유로 결혼을 못 하는 반면에, 여성은 하고 싶은 일하며 살고 싶어 결혼을 안 한다. 결혼과 출산이 여성의 자아 실현에 방해가 안 되게 바뀌어야 출산율이 올라갈 수 있다.

3. 혼외 출산

대만 정부는 저출산 문제 해결을 위해 혼인 여부를 떠나 출산만 하면 세금을 감면해 주고, 셋째 아이의 경우 출생부터 20세 성년 때까지 매달 3천 대만 달러(한화 10만 원 상당)의 양육비를 지급하는 방안을 마련했다.

대만 정부의 통계에 따르면 2004년 25~29세 여성의 미혼율이 50%를 넘어섰으며, 자녀를 갖지 않겠다는 여성도 1.2%에서 2.45%로 늘어났다.

2004년 대만의 출산율은 1.18명으로 전 세계 출산율 2.8명에 크게 못 미치며, 최저 출산율인 홍콩의 0.9명에 이어 두 번째로 낮다.

한 대만 정부 관리는 "평생 결혼하지 않는 미혼 인구가 25%에 근접하는 등 대만 사회는 '저혼인과 저출산'에 직면해 있다"면서 "사회 도덕과 배치되더라도 아이는 갖고 싶지만 결혼은 거부하는 여성의 출산을 보장해야 한다"고 말했다.

우리나라의 경우도 대만과 다를 바 없다. 2004년 우리나라 25~29세 여성 중 40%가 결혼하지 않고 있으며, 20대 전체로는 70%에 가까운 여성들이 미혼인 채로 지내고 있다. 지난 2000년의 63%에 비해 4년 만에 7% 높아졌고 지난 70년의 34.6%에 비해 35년 만에 두 배로 늘어났다.

20대 중에서도 20~24세 여성의 92.6%가 미혼 상태이다. 특히 결혼

적령기로 불리는 25~29세 여성 중에서도 무려 40%가 아직 결혼하지 않은 상태다. 25~29세 미혼 여성 비율은 1970년(9.7%)과 비교하면 4배 가까이 증가했다.

또한 30~34세의 여성 중에서도 10.5%가 미혼 상태로 있으며, 35~39세 미혼 여성도 4.1%나 된다.

결국 머지 않아 아무도 결혼하지 않는 사회로 갈 것이다. 아마도 50년 후에는 현재와 같은 결혼은 역사책에서나 볼 수 있을 것이다. 따라서 결혼하지 않는 사람들이 아이를 낳지 않고는 출산율을 크게 올릴 수 있는 방법은 없다. 혼외 출산이 일반화되지 않고서는 출산율이 높아질 수 없는 것이다.

이렇게 볼 때 대만 정부가 출산율 저하의 원인이 미혼율 증가에 있다고 보고, 출산율을 높이기 위한 방법으로 혼외 출산을 독려하고 나선 것은 문제의 핵심을 정확하게 인식하여 올바른 방향으로 나아가고 있다고 할 수 있다. 하지만 혼외 출산을 독려한다고 해서 국민들이 쉽게 혼외 출산을 하지는 않을 것이다. 법과 제도, 사람들의 인식이 바뀌어야 가능하기 때문이다. 20년 전 이혼이 나쁜 것으로 인식되다가 지금은 일반적인 것으로 받아들여지듯이, 혼외 출산도 일상적인 것으로 받아들여져야 혼외 출산이 이루어질 수 있다. 또한 싱글 맘이 아기를 키우는 것이 결혼한 부부가 함께 아이를 키우는 것보다도 용이하도록 해야 혼외 출산이 증가할 것이다. 우리나라도 지금부터 혼외 출산이 일반화되도록 모든 것을 바꿔 나가야 출산율을 높일 수 있다. 우리나라의 혼외출산 비율이 하루 빨리 유럽 수준인 50%에 도달해야 저출산 문제가 개선될 수 있다.

혼외 출산에 대한 여러 나라 응답자의 의견 분포 (표본조사 결과)

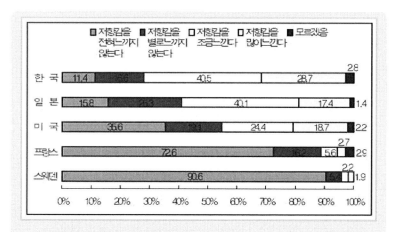

출처 : 한국보건사회연구원, 2006-22-1

혼외 출산율이 높은 나라는 혼외 출산에 대한 거부감이 낮다. 혼외 출산에 대한 인식 변화 없이 출산율 상승은 요원하다.

OECD 주요국의 혼외 출산율 (총 출생아 수 대비 혼인 외의 자의 구성비, %)

	연도	한국	일본	미국	영국	프랑스	이탈리아	독일
혼인 외의 자	2007	1.6	–	39.6	–	–	20.7	30.8p
	2006	1.5	2.1	38.5p	43.9	49.5	18.6	30.0
	2005	1.5	2.0	36.9	42.9	47.4	15.4	29.2
	2004	1.3	2.0	35.8	42.3	46.4	14.9e	27.9
	2003	1.3	1.9	34.6	41.5	45.2	13.0	27.0
	2002	1.1	1.9	34.0	40.6	44.3	10.9	26.1
	2001	1.0	1.7	33.5	40.1	43.7	9.9	25.0

출처 : 통계청, 〈2007년 출생통계 결과〉, 2008년 8월

[주] p: 잠정, e: 추정

서양 국가에 비하여 우리나라와 일본의 혼외 출산 비율은 매우 낮다. 현재의 결혼 제도가 붕괴되면서 혼외 출산이 증가해야 출산율은 높아질 것이다.

4. 양육 환경 개선

   안전한 현대 사회에서 사람들이 가장 추구하는 것은 자기가 하고 싶은 일을 하며 사는 것이다. 바로 자아 실현이다. 이러한 자아추구 사회에서 자녀를 양육하는 데 가장 큰 부담은 아이에게 빼앗기는 시간이다. 그것은 아래의 설문조사 결과에도 잘 나타나 있다. 저출산의 원인이라고 하는 모든 대답의 의미가 하나로 모아진다. '아이에게 빼앗기는 시간이 아깝고, 자기가 하고 싶은 것만 하며 살고 싶다'라고 말하고 있다. 특히 경제적으로 여유가 있고 바쁜 중산층과 직장인의 경우에 더욱 그러하다.

   바쁜 현대인에게 양육의 가장 큰 어려움은 직장과 양육을 병행하기 어렵다는 것이다. 아침 일찍 일어나 아이 돌보고 아이를 유치원에 맡기고, 직장에 가고 업무가 끝나자마자 아이 데려오고 아이와 놀아 주고 하다 보면 몸은 피곤하고 업무도 놓치는 것이 많아 여간 어렵지 않다. 하고 싶은 일은 아이가 클 때까지 미뤄둘 수밖에 없다. 자녀의 가치가 크게 낮아진 상황에서 직장인이 이러한 비용을 치르면서 아이를 낳아 키우지 않는 것은 너무나 당연하다. 따라서 직장인은 결혼과 출산을 기피하게 된다. 직장을 다니면서 양육이 전혀 어렵지 않게 양육 환경을 개선하여 어려움 없도록 하는 것이 직장을 가진 부모들이 가장 바라는 일일 것이다.

   따라서 출산율을 제고하기 위해서는 부모의 양육 시간을 획기적으로 줄여 주어야 한다. 이것이 해결되지 않고서는 여러 명의 자녀를 낳아 키우는 것은 매우 어렵다. 하지만 이러한 양육의 어려움을 해결하기란 결코 쉽지 않다. 가장 손쉬운 방법은 다른 사람이 부모 대신 아이를 키워 주는 것이다. 시집 부모 또는 처가 부모가 같이 또는 가까이 살면서 아이를 돌봐 주는 것이다. 이러한 것을 장려하기 위하여 조부모가 양육에 참여하는 것을 적극 지원할 필요가 있다.

유럽 국가의 경우 부모들의 양육 부담을 덜어 주기 위해 대학생들이 아르바이트로 집으로 와서 부모가 직장에 간 사이 아이를 돌봐 주는 것을 본 적 있다. 우리나라도 지역 사회에 탁아소를 만들고 직장에도 만들어 어디서든지 아이를 돌볼 수 있어야 한다. 부모의 요청이 있을 경우 정부가 부모 대신 아이를 키워 줄 수도 있어야 한다. 바쁜 현대인의 삶을 고려하여 부모의 시간을 획기적으로 줄여 줄 수 있는 제도를 마련해야 한다. 아이를 낳아도 양육에 전혀 부담을 느끼지 않도록 해야 아이를 더 낳으라고 말할 수 있다.

반면에 육아 비용 지원은 재고할 필요가 있다. 누구는 아이 키우는 비용이 많이 들어서 아이를 안 낳는다고 하고, 누구는 교육비가 많이 들어서 아이를 안 낳는다고 하는데, 실상을 보면 경제적으로 여유가 있는 부자들이 아이를 더 안 낳는다. 서울에서도 부자 동네로 이름난 강남구의 출산율이 가장 낮다. 정부가 교육비를 지원하여 교육비 부담이 없는 유럽이나 공산국가의 경우도 출산율이 매우 낮다. 경제적 요인 때문에 아이를 안 낳는 게 아니라는 것을 알 수 있다. 양육비 지원보다는 양육 환경 개선이 보다 중요하다.

우리나라 저출산의 원인

육아의 어려움	45.8%
여성의 사회진출 증가	18.6%
여성의 자아실현 욕구 증가	18.1%
여성의 출산기피 현상	6.0%
독신자의 증가	4.3%
초혼 연령의 상승	2.2%
이혼율의 증가	2.2%

출처 : Am7, 2009년 4월 7일
Am7과 ㈜아이클릭이 20~49세 전국 남녀 1000명을 대상으로 설문 조사

우리나라 여성의 연령별 경제활동 참가율

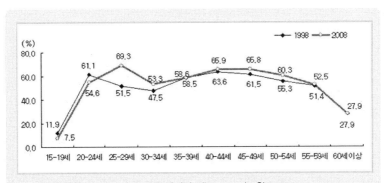

출처 : 통계청, 〈2009 통계로 보는 여성의 삶〉, 2009년 7월
여성의 경제활동 참가율은 25~29세가 69.3%로 가장 높다가 감소한 후, 40~44세
에 다시 높아진다. 이는 출산과 육아에 따른 어려움에 기인한다. 그래프에서와 같이
30대에 경제활동 참가율이 낮아지는 사회에서는 출산율 증가를 기대할 수 없다. 육
아 환경을 획기적으로 개선해야 출산율이 올라갈 수 있다.

5. 근로 환경 개선

우리나라의 근로 환경에 비하면 유럽의 근로 환경은 너무나 좋다. 하루 8시간 이상 근무하면 초과 근무 시간에 대해서는 돈으로 보상하든지 그만큼 쉬게 해준다. 휴일에 근무하려면 정부의 허가를 받아야 한다. 여름에 1달, 겨울에 3주의 휴가를 가고도 때때로 쉰다. 아이를 키우는 경우 파트 타임으로 근무할 수도 있다. 유럽의 작은 기업에 근무한 적이 있는데, 저녁 6시 반이 되면 사무실 문이 자동으로 잠긴다. 따라서 모든 직원은 6시 반 이전에 퇴근을 해야 했다.

유럽에 비해 우리나라의 사정은 매우 열악하다. 일부 공무원과 공사, 일부 대기업 등의 경우에는 6시에 퇴근이 가능하고 필요에 따라 휴가를 쓸 수도 있지만, 많은 기업들이 그렇지 못하다. 특히 중소기업은 아침 8시에 출근하여 밤 9시까지 근무하는 경우가 흔하다. 휴가를 내려고 해도 눈치가 보여 휴가를 내기 어렵다. 주5일제 근무라고 하지만 중소기업의 경우 토요일에 근무하는 일이 다반사이다. 결혼하지도 말고 아이도 낳지 말라고까지 말하는 기업주도 있다. 거기다 급여는 적어서 10년을 다녀도 1억 모으기가 어렵다. 많은 중소기업의 경우 이직률이 매우 높다. 젊은이들이 중소기업에 들어갔다가 몇 달을 못 버티고 나오는 경우가 많다. 젊은이들이 중소기업을 기피하는 것은 가슴 아픈 현실이고 정말 이해가 가는 일이다. 일부 좋은 중소기업도 있지만 정말 고달픈 게 중소기업이다.

그런데 우리나라 사람들의 절대 다수가 중소기업에서 일한다. 우리나라 서민 대부분이 고달픈 생활을 하고 있는 것이다. 매일 6시에 일어나 밥도 못 먹고 출근하고 퇴근하면 밤 10시인 생활을 반복하고 주말에는 피곤해서 잠으로 보낸다. 이러한 현실에서 여러 명의 아이를 낳을 수는 없다. 물론 유럽과 같이 근로 환경이 좋다고 해서 아이를 많이 낳는 것은 아니지만 우리나라의 중소기업과 같은 열악한 환경에서 아이를 낳아 키우는 것은 매우 어려운 일이다. 경제 성장도 좋지만 이러한 잔인한 근로 환경은 하루 빨리 개선되어야 한다.

6. 경제적인 지원 제도

　우리나라 저출산 문제의 핵심 중의 하나는 중산층 직장인이 아이를 안 낳는다는 것이다. 중산층 직장인이 아이를 갖도록 하기 위해서는 이들에게 이익이 되도록 해야 하는데, 가장 좋은 방법은 자녀 수에 따라 소득 공제를 해주는 것이다. 사람들은 세금에 매우 민감하다. 물건을 살 때마다 부가가치세를 내야 하고 월급을 받을 때마다 세금을 내야 한다. 어쩔 수 없이 내지만 항상 아깝다는 생각이 들고 온갖 방법으로 덜 내려고 한다. 러시아에서 콧수염에 세금을 부과하자 사람들이 콧수염을 깎았다고 한다. 유럽에서는 창문의 크기로 세금을 부과하자 창문의 크기가 줄어들었다고 한다. 우리나라에서도 부동산 가격 상승을 막기 위하여 부동산 종합과세를 하자 집값이 내려가기 시작했다. 사람들이 얼마나 세금에 민감한지를 말해 준다. 경제학자들이 말하기를 '세금 정책이 인간 사회에 가장 큰 영향을 준다'고 한다. 이와 같이 세금은 영향력이 매우 크다.

　현재 자녀당 100만 원씩 소득공제를 해주는데, 그 정도로는 큰 이익이 안 된다. 금액을 1000만 원 정도로 늘려 세 자녀를 두었을 때 3000만 원 정도의 소득 공제를 받을 수 있도록 해야 젊고 유능한 직장인들이 매력을 느낄 것이다. 다른 어떤 정책보다도 효과가 클 것이며, 그 금액을 조절함으로써 출산율을 어느 정도 조율할 수도 있을 것이다.

　반면에 출산 장려금이나 각종 육아 지원비는 재고할 필요가 있다. 강남구에서 여섯 번째 아이를 출산하면 3000만 원의 출산 장려금을 지급한다는 뉴스를 접한 적이 있다. 출산율이 서울에서 가장 낮은 강남구의 심정은 이해가 가지만 출산 장려금은 거의 효과가 없다. 앞에서 서술한 바와 같이 저출산의 주요 원인은 결혼을 하지 않는 것이다. 결혼한 사람들은 출산 장려금을 주든 안 주든 대부분 아이를 낳는다. 따라서 출산 장려금보다는 오히려 결혼 장려금을 주는 것이 낫다.

프랑스의 경우 출산 장려금과 가족 수당으로 출산율이 많이 높아졌다고 한다. 하지만 실상을 보면 많은 아이를 낳은 사람들의 대부분은 이민자이다. 출산 장려금 때문에 아이를 낳는 프랑스 사람은 매우 적다. 이민자들은 아이를 다섯 정도 낳으면 가족 수당만으로 생활하는 데 지장이 없어 생계의 수단으로 아이를 많이 낳는다고 한다. 이렇게 많은 출산 장려금을 지원하여 이민자가 아이를 많이 낳게 하는 것이 바람직한 일인지 의문이다.

출산 장려금을 지급하면 우리나라에서도 생활이 어려운 이민자나 가난한 사람들은 관심을 가질 것이다. 하지만 중산층은 아이 키우는 데 출산 장려금보다 훨씬 많은 비용이 소요되므로 출산 장려금 때문에 아이를 낳을 이유는 없다. 따라서 출산 장려금 지급보다는 결혼과 혼외 출산을 장려하는 것이 바람직하다.

7. 사회복지 제도

'잘되면 내 덕, 못 되면 조상 탓'이라는 말이 있다. 어려움에 처하면 우리는 부모님이나 조상을 원망했다. 부모님에게 하소연도 하고 떼를 쓰기도 했다. 자신을 원망하며 세월을 보내기도 했다. 그런데 어느 순간 부터 잘못되면 정부에게 떼를 쓰기 시작했다. 처음에는 관련 단체나 기업에게 떼를 쓴다. 말도 안 되는 억지를 쓴다. 용산 참사와 쌍용 차 파업 문제가 그렇다. 각 개인이 어려움에 처한 것은 참으로 안 된 일이긴 하지만, 나라에는 법이라는 것이 있는데 무조건 떼를 쓰며 돈을 내놓으라고 한다. 길을 막고 삭발을 하고 확성기를 틀어 댄다. 하는 짓을 보면 아이가 엄마에게 사탕 사달라고 조르는 것 같다. 북한도 마찬가지이다. 미사일도 쏘고 핵무기도 실험하고, 사람도 납치하고 개성 공단 닫아 버리겠다고 협박도 해본다. 과자 사달라고 떼쓰는 아이와 다를 바 없다.

사람들이 이렇게 떼를 쓰기 시작한 것은 정부가 잘못한 부분이 있다. 나라가 잘살게 됨에 따라 정부가 많은 세금을 걷어들여 돈이 많아지자, 그동안 떼쓰는 사람들에게 계속 돈을 나누어 주어 학습시켰기 때문이다. 이제 사람들은 어려움에 처하면 부모나 자녀들에게 도움을 청하기 보다는 정부에게 돈 내놓으라고 한다. 정부가 새 모이 주듯 돈을 나누어 주었기 때문이다. 정부가 가족을 대신하는 복지 정책을 썼기 때문이다. 그로 인해 가족의 가치는 크게 떨어졌다. 공산권 국가와 사회주의 국가의 출산율이 낮은 중요 원인은 바로 분배주의적 복지 제도가 가족을 대신하기 때문이다.

1970~80년대 시골의 많은 아가씨들은 도시의 공장에 가서 어렵게 돈을 벌어 집에 보냈다. 그 돈으로 동생들이 공부를 했다. 가족들이 어려움을 서로 돕고 산 것이다. 하지만 현대 사회에서는 정부가 복지 제도를 통해 그 역할을 대신한다. 각종 연금, 의료보험, 저소득층 지원 제도, 의무교육 제도, 장애인 지원 제도, 노인 수당, 무상 급식 등의 수많은 복지 제도가 그것이다.

이와 같이 복지 제도는 출산율을 하락시키는데, 문제는 출산율을 높이자고 복지 제도를 축소할 수는 없다. 축소하는 것도 매우 어렵다. 모든 국민이 꿈꾸는 국가가 복지국가이고, 어려움에 처했을 때 국가가 도움을 주는 것은 인간의 보편 타당한 정신에도 맞고 마땅히 그래야 하기 때문이다.

하지만 가족의 역할까지 모든 것을 대신하는 복지가 문제이다. 요람에서 무덤까지 가족을 대신하여 모든 것을 정부가 해준다면 가족의 역할은 없어진다. 가족의 가치가 없어지며 설 자리를 잃게 된다. 따라서 복지 제도는 중용의 묘를 살려야 한다. 지나침은 부족함만 못하다. 가족의 역할을 최대한 살리는 방향으로, 가족의 가치를 훼손하지 않는 범위에서 복지 제도를 운영할 필요가 있다.

경제복지 분야 지출

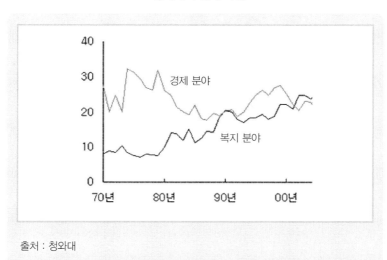

출처 : 청와대

GDP 대비 사회복지 비용(2004~5년, 단위:%)

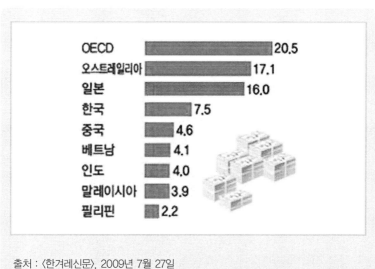

출처 : 〈한겨레신문〉, 2009년 7월 27일

늘어나는 복지 예산, 줄어드는 출산율

가족의 가치를 훼손하지 않는 방향으로 복지 제도를 수정할 필요가 있다.

8. 가족의 가치 증대

식량 문제와 안전 문제가 해결된 현대 사회에서 가족의 남아 있는 유일한 중요 기능은 사랑의 욕구를 충족하는 일이다. 현대 사회에서 자녀는 경제적으로 도움이 안 되고, 안전 문제에도 필요 없다. 자존의 욕구에도 도움이 안 되며, 자아 실현을 하는 데는 방해만 된다. 오로지 하나 남은 자녀의 가치는 소속과 사랑의 욕구를 만족시키는 데 있다. 하지만 요즘 아이들은 부모에게 그리 호의적이지 않다. 초등학교 고학년이 되면 부모를 멀리하기 시작한다. 부모와 자녀 간에 대화도 적다. 대학생이 되면 대부분 집을 떠나고 직장을 잡으면 더욱 멀어진다. 자녀가 결혼하면 거의 이웃만도 못하다. 유학을 가거나 이민을 가면 없는 것이나 다를 바 없다. 이런 상황에서 아무도 자녀를 많이 낳으려 하지 않을 것이다. 많은 자녀를 낳는 부모가 있다면 제 정신이 아니다. 아래의 조사 내용이 이것을 잘 보여주고 있다. 자녀를 반드시 갖겠다는 여성이 계속 감소하는 것이다.

자녀의 가치를 증대시키기 위해서는 가장 먼저 학교에서든 직장에서든 자녀와 부모가 함께하는 시간을 많이 만들어야 한다. 학교에서도 부모를 자주 참여시키고, 부모의 직장에서 자녀가 아르바이트를 한다든지, 같은 직장에 다닌다든지, 또는 직장을 자주 방문하게 한다든지 하여 가족이 자주 함께할 수 있도록 노력해야 한다.

집에서도 각자 방을 따로 쓰는 것보다 침실, 컴퓨터실, 서재, 장난감

방 등으로 나누어 가족이 같이 자고 같이 컴퓨터를 하고, 같이 공부하고 같이 놀이를 하는 방식으로 가정 생활을 바꾸어 가족이 함께하는 시간을 늘리는 것이 바람직하다.

정부 행사나 사회 행사도 마찬가지다. 마라톤 대회나 걷기 대회, 자전거 대회, 등산 대회, 공연 등 각종 대회를 동호회나 개인 위주로 하지 말고 가족이 함께 참여할 수 있도록 해야 한다. 그렇게 함으로써 우리의 삶 속에 가족이 중요하게 자리잡도록 하지 않으면 안 된다. 가족이 함께 할 경우 각종 인센티브를 주는 것도 좋은 방법이 될 것이다.

현대 사회에서는 직장 문제로 부부가 따로 떨어져 사는 경우가 많다. 그러므로 정부나 기업에서 부부가 같은 직장을 다니거나 같은 지역으로 옮겨 함께 살 수 있도록 배려해 주어야 한다. 가족이 함께하는 시간이 많아지고 가족이 행복해지면 출산율은 저절로 올라가게 마련이다.

그동안 우리는 오로지 자녀의 성공과 행복에만 집중해 온 경향이 있다. 자녀들은 자신들의 인생에만 관심을 쏟았다. 출산율이 높아지기 위해서는 삶의 단위가 개인 중심에서 가족 중심으로 바뀌어야 한다. 가족이 함께하는 것이 좋고 가족이 함께하는 시간이 많아지고 가족이 행복해져야 출산율이 높아진다.

15~44세 배우자가 있는 여성의 자녀관 (단위 : %)

연 도	반드시 가져야 함	반드시 가질 필요는 없음		모르겠음
		갖는 것이 좋음	없어도 무관	
1990	90.3	–	–	1.2
1997	73.7	16.6	9.4	0.3
2000	58.1	31.6	10.0	0.6
2003	54.4	32.3	12.6	0.6

출처 : 한국보건사회연구원, 〈2003년 전국 출산력 및 가족보건, 복지실태 조사〉, 2004

9. 이민

　1960년대 나의 사촌들은 대부분 미국으로 이민을 갔다. 육촌도 여러 명 이민을 떠났다. 나라는 가난하고 좋은 일자리도 없고 북한에서 무장 공비가 내려와 사람들을 죽이고 하니 사회가 매우 불안했다. 이러한 한국이 싫어 희망의 나라 미국으로 이민을 떠났다. 그런 상황에서 나는 미국으로 이민 가는 사촌들이 마냥 부러웠다. 그런데 어느새 이민자들이 우리나라로 들어오기 시작했다. 중국에서, 베트남에서, 필리핀에서, 심지어 미국에서 다시 돌아오는 사람도 많아졌다. 우리나라가 그만큼 잘 살게 되고 사회가 안정되었다는 증거이다.

　이민은 인구 변화에 큰 영향을 준다. 우리나라에서도 지방의 출산율은 높은데 인구는 줄어든다. 많이 낳지만 수도권으로 이주하기 때문이다. 중국의 조선족도 우리나라로 이민 오는 사람이 많아 줄어들 것이다. 동독과 동유럽 국가들도 마찬가지로 이민 때문에 인구가 줄어들 것이다. 반면에 이민으로 인구가 증가하는 나라도 있다. 바로 미국이다. 미국은 특별한 출산장려 정책도 없는데 이민자 덕분에 인구가 증가한다. 이민은 그 자체로 인구를 증가시킬 뿐만 아니라 이민자들의 출산율이 높기 때문에 출산율 제고에 매우 효과적이다.

　이제 개인 시대를 맞이하여 어떠한 방법으로도 출산율을 획기적으로 높이기는 어렵다. 여러 가지 방법으로 출산율을 다소 높일 수는 있지만 결코 쉽지 않고 비용도 많이 소요된다. 우리나라 자체적으로 출산율을 높이는 것은 매우 어렵다. 우리나라에서 출산율을 높이기 어렵다면 방법은 하나밖에 없다. 외부에서 사람을 들여오는 것이다. 즉 이민을 적극 받아들이는 것이다.

선진국에서 출산율이 높은 나라는 대부분 이민자가 많은 나라이다. 이민은 비용이 적게 들고 외국에서 필요한 인력만을 선별적으로 받아들일 수 있으며 사회를 다양화시키는 면이 있어 여러 가지로 도움이 된다. 다른 나라에서 많은 비용을 들여 키우고 교육시킨 인력을 받아들이는 것은 여러 모로 좋은 점이 많다. 이민은 세계화 시대에 더욱 바람직하다고 할 수 있다.

하지만 이민을 쉽게 생각해서는 안 된다. 전 세계적으로 저출산이 진행되어 대부분 나라들이 인구가 감소하고 있으므로 이민을 적극 받아들일 것이다. 방심하고 있으면 들어오는 이민자보다 더 많은 우리나라 사람들이 다른 나라로 이민 갈 수도 있다. 외국인들이 살기 좋고 차별이 없는 환경을 조성해야 이민이 증가할 것이다.

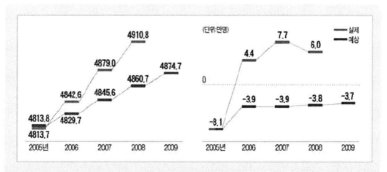

출처 : 〈한국경제신문〉, 2010년 4월 5일, 예상은 통계청이 2006년 발표한 인구 추계치임. 우리나라의 최근 5년간 인구가 정부 추계치보다 50만 명 이상 늘었다. 주 요인은 외국인의 순 유입이다. 이민이 인구에 큰 영향을 미침을 말해 준다.

10. 프랑스의 출산장려 정책

세계 여러 나라가 강력한 출산장려 정책을 펴고 있는 것으로 알려져 있다. 프랑스, 벨기에, 독일, 스웨덴, 일본, 대만, 싱가포르 등이 대표적인 나라들이다. 그 중에서도 프랑스가 가장 먼저 시작했고 성공적이며 다른 나라들은 프랑스의 정책을 추종하는 것으로 보인다. 하지만 대부분의 국가가 많은 노력을 하고 많은 비용을 지출하지만 그 효과는 크지 않다.

반면에 미국, 영국과 같이 별다른 출산장려 정책이 없는데도 출산율이 높은 나라도 있다. 출산장려 정책보다는 보다 근본적인 것에 변화가 있어야 함을 시사해 준다.

대부분의 유럽 국가들이 출산율 저하와 인구 고령화 문제로 고민하고 있는 가운데 프랑스는 예외적으로 출산율이 지속적으로 높아지고 있다. 1990년대 중반까지만 해도 대표적인 저출산 국가였던 프랑스가 유럽 최고의 출산율을 기록하게 된 비결은 정부가 강력한 의지로 밀어붙인 출산장려 정책 덕분이라고 한다.

1995년 출산율이 1.71명까지 떨어지자 프랑스는 그대로 가다가는 인구 감소가 불가피하다는 위기감을 느끼고 특단의 출산장려 정책을 수립하기로 했다. 프랑스 정부가 제안한 출산장려 정책은 단기적 처방에 그치는 것이 아니라 가족 · 인구 정책의 테두리에서 장기적이고 포괄적인 내용으로 이루어졌다.

기본적인 사회보장 시스템에 추가해 출산과 육아와 관련된 각종 수당과 보조금, 세금 감면 혜택이 주어진다. 사회당 정권에서 수립된 가족지원 정책은 우파 정권으로 바뀐 뒤에도 꾸준히 확대됐다. 2005년부터 중도우파 정부는 '3자녀 갖기 운동'을 주도하면서 3자녀 가정에 대한 지원을 대폭 강화했다. 인구 감소를 막을 수 있는 수준인 2.07명까지로 출산율을 높이기 위한 것이었다. 모든 혜택은 결혼한 가정이든 동거 중인 가정이든 차별 없이 주어진다. 강력한 출산장려 정책을 펼친 결과 1996년을 고비로 출산율이 상승세로 돌아서서, 2004년 1.92, 2005년 1.94에 이어 2006년에는 2.0까지 높아졌다.

출산 및 육아와 관련한 정책은 프랑스가 단연 세계 최고 수준이다. 프랑스에서는 여성이 임신을 하면 7개월째에 840유로(약 100만 원)의 임신 수당이 나온다. 첫 아이를 낳으면 855유로의 격려금이 나온다. 모든 국민에게 지급되는 가족 수당은 가족 수가 많을수록 더 많이 나온다.

직장근무 경력이 1년 이상인 여성이 아이를 낳으면 6개월 동안 유급 육아휴직을 준다. 아이가 세 살이 될 때까지 무급 휴가를 낼 수 있다. 이 경우 월 512유로(65만 원)의 보조금을 받는다. 지난해 7월부터는 셋째 아이를 낳고 1년 동안 무급 휴직을 하면 매달 750유로의 보조금이 나온다. 6세 미만 자녀 보육 비용은 세액이 공제된다. 대학까지 무상 교육이므로 교육비에 대한 부담이 없다. 매년 9월 아이들이 개학할 때는 학용품을 구입하도록 개학 수당(268유로)이 나오고, 방학이 되면 자연 속에서 다양한 경험을 쌓도록 여행을 시켜 준다. 세 자녀 이상 가족에게는 영화 관람이나 음악회 입장료 할인, 공공 교통요금 할인 등의 혜택을 받을 수 있도록 '대가족 카드'가 지급된다. 이미 수만 개나 되는 전국의 유아원을 매년 15000곳씩 추가로 세울 계획이다. 물론 국가의 부담은 크다. 프랑스는 출산·육아·모성 보호 등 가족 정책에 국내 총생산

(GDP)의 3%에 해당하는 410억 유로를 투자한다.

프랑스 출산지원 정책의 핵심은 아이의 양육 비용은 낮춰 주고 여성의 사회 활동은 장려하는 것이다. 특히 여성들이 일과 육아를 병행하면서 경제 활동에 참여하도록 배려하고 있다. 첫 아이를 낳으면 최소 20주, 셋째 아이를 낳으면 최소 40주를 유급 휴직으로 쓸 수 있으며, 이때 '휴직 후 원직 복귀'가 보장된다. 정책은 완벽하게 성공해 유럽에서 가장 높은 여성 고용률과 출산율을 기록하게 됐다. 실제로 프랑스에는 많은 자녀를 키우면서 일하는 여성들이 많다. 25~49세 프랑스 여성의 81%가 직장을 갖고 있고 그 중 3분의2가 두 명 이상의 자녀를 키우고 있다.

프랑스의 출산장려 정책은 정책이 사회 흐름을 바꿀 수 있음을 보여준 대표적인 사례로 꼽힌다. 유럽 국가 전체가 고민하고 있는 인구의 고령화 문제도 장기적이고 지속적으로 노력하면 해결할 수 있다는 희망을 준 점에서도 큰 의미가 있다.

하지만 숫자로 보기에는 성공한 것처럼 보이는 프랑스의 출산장려 정책에도 문제점은 있다. 이민자들이 출산 장려금과 가족 수당을 받기 위하여 많은 아이를 낳는다는 것이다. 많은 돈을 지출하여 이민자가 아이를 낳게 하고 단지 인구 수만 증가시키는 것이 옳은지 의문이다.

프랑스가 출산율 증가를 위해서 많은 정책을 펴고 비용을 지출해서 출산율이 올라간 것 같지만, 크게 보면 두 가지 요인으로 압축된다. 많은 이민자와 혼외 출산율이 그것이다.

우리나라 보건 복지부가 벌이는 "아이 낳기 좋은 세상 만들기" 운동이라는 게 있다. 2009년 6월9일 '아이 낳기 좋은 세상 운동본부' 출범식이 있었다. 역점 분야는 ① 미혼남녀 결혼 지원 ② 임산부 배려 ③ 보육 및 방과 후 돌봄 ④ 가족 친화적 직장 분위기 조성 ⑤ 결혼·출산에 대한 인식 개선 등이다.

임산부 배려는 지금도 충분히 잘하고 있다고 생각된다. 부족한 부분을 더욱 개선하는 것은 좋은 일이다. 그러나 결혼·출산에 대한 인식 개선은 어떻게 하겠다는 것인지 이해가 안 간다. 미혼남녀 결혼 지원도 좋지만 결혼 기피의 원인이 되고 있는 현재 결혼 제도의 문제점을 개선하는 것이 우선되어야 한다. 가족 친화적인 직장 분위기 만들기는 당연하나 더 나아가 가족 친화적인 사회를 만들어야 한다. 가족이 중심이 되는 사회를 만들어야 하는 것이다.

여기에 더하여 20대에 첫 아이를 낳도록 해야 한다. 산모의 평균 나이가 30대여서는 출산율이 높아지기 어렵다. 이를 위해서는 우리나라의 교육 제도를 수정할 필요가 있다. 대학원까지 마치고 머뭇거리다 보면 어느새 30이 넘기 때문이다. 또한 요즘 여성들은 일을 하기 원하므로 직장과 육아를 동시에 할 수 있도록 제도와 환경을 개선해야 된다. 가족 친화적인 직장 문화, 결혼으로 인한 기업의 고용 차별, 결혼 및 자녀양육 후 재취업 등이 용이하도록 해야 할 것이다.

다음으로는 프랑스와 같이 '3자녀 갖기 운동'을 펼쳐야 한다. 전업주부처럼 아이를 더 낳을 수 있는 환경에 있는 여성도 아이를 두 명만 낳으면 출산율이 2.0을 넘어설 수가 없다. 여건이 되는 사람은 3자녀를 갖도록 적극 독려할 필요가 있다. 그리고 무엇보다도 우선되어야 하는 것은 이민을 적극 받아들이고 혼외 출산 환경을 조성하는 것이다. 프랑스의 경우에서 보듯이 이민과 혼외 출산의 증가가 출산율 증가의 핵심 요소이기 때문이다.

20년 후의 결혼 제도

　전 세계적으로 결혼은 감소하고 이혼은 증가하고 있다. 출산율도 감소하고 있다. 그로 인해 머지 않아 우리의 가정과 결혼 제도는 크게 변화할 것이다.

　동물을 보면 미래의 우리 가족과 결혼 제도를 짐작해 볼 수 있다. 사자, 호랑이 같은 육식 동물은 단독 또는 소수가 무리 지어 생활한다. 반면에 초식 동물은 들소나 얼룩말처럼 큰 짐승이라 할지라도 대규모로 무리 지어 생활한다. 이유는 분명하다. 초식 동물은 안전이 확보되지 않기 때문에 대규모로 무리 짓지 않으면 안 된다. 안전을 확보하고 희생을 최소화하기 위해서이다. 반면에 육식 동물은 혼자 살아도 안전에 문제가 없다. 물론 소수가 무리를 지어 생활하는 경우도 있긴 하다. 육식 동물이만 같은 지역에 더 강한 육식 동물이 있어 안전에 위협을 받는 경우, 그리고 단독으로는 사냥하기 어려운 경우가 그것이다. 늑대가 대표적인 예이다. 늑대 단독으로는 사냥이 어렵다. 사자는 사냥을 위해 소수의 암컷들이 무리를 지어 생활하고, 하이에나는 사자로부터 안전을 지키고 사냥을 하기 위해 무리를 형성한다. 즉 물리적 안전과 경제적 안전이 무리의 수를 결정하는 핵심 요소이다.

　인간의 경우 원시 사회에서는 사람, 전쟁, 맹수, 자연 재해, 질병, 식량, 노후 등이 안전의 위협 요소였다. 이러한 안전 위협 요소 때문에 무리를 지어 생활했다. 농경 사회에서는 정착 생활로 다소 안전해졌으나 여전히 원시 사회에서와 같은 위협 요소가 존재했다. 따라서 마을을 이루고 대가족이 함께 살았다.

산업 사회에서는 과학 기술의 발달로 현저하게 위협 요소가 줄어들었고, 그로 인해 핵가족이 등장했다.

현대 사회에서는 대부분의 안전 위협 요소가 극복되었다. 맹수는 동화 속의 이야기가 된 지 오래고 자연 재해도 없으며, 의학의 발달로 무서운 질병도 대부분 정복되었다. 사람에 대한 안전도 과학 기술의 발달로 확보되었다. 유일하게 하나 남은 요소가 식량, 노후 등의 경제적인 위협 요소이다. 하지만 이것도 산업이 발달하고 사회복지 제도가 발달하면서 많이 완화되었다.

이렇게 인간 사회는 매우 위험한 사회에서 매우 안전한 사회로 변화되었다. 사회 환경이 변화하여 인간이 초식 동물에서 육식 동물의 위치로 변했다. 인간의 사회 환경이 안전한 사회로 변하면 가족의 형태도 변화한다. 안전 문제가 없는 맹수 같은 가족 형태로 변화한다. 사자가 대표적인 예이다. 안전을 위협 받지 않는 사자는 소수의 암컷 사자들이 사냥을 위하여 같이 생활한다. 새끼들은 어미와 같이 살다가 성장하면 떠난다. 표범의 경우는 암컷이 혼자 살며 새끼를 키운다. 새끼는 성장하면 떠난다. 대부분의 맹수 수컷은 산과 들을 떠돌아다닌다.

현재의 유럽과 미국 사람들을 보면 이들 맹수의 생활과 다를 바가 없다. 남녀가 좋아서 같이 살다가 아이를 낳는다. 남자는 여자를 떠난다. 여자는 아이를 키운다. 그녀는 또 다른 남자를 만나 함께 산다. 떠난 남자도 다른 여자를 만나서 산다. 여자는 아이를 낳아 기르고, 남자는 여기 저기 배회한다. 이처럼 맹수와 같은 행태를 보인다. 이렇게 맹수와 인간이 같은 행태를 보이는 것은 바로 안전하다는 공통점에 기인한다.

20년 후의 우리나라 가족도 같은 형태가 될 것이다. 남자와 여자가 만나 사랑을 하고 아이를 낳는다. 여자는 아이를 키운다. 대부분의 남자는 여자를 떠나 배회하다 다른 여자를 만난다. 여자도 또 다른 남자를 만난다. 여자나 남자 모두 여러 파트너를 만나고 헤어지기를 반복한다. 일부 일처란 없고 결혼하는 사람도 없다. 관심도 없고 의미도 없다.

자녀들은 엄마와 함께 살다가 성장하면 떠난다. 여성의 자녀 양육을 돕기 위해 남성이 양육비를 지원하고, 정부에서 보조하여 여성이 자녀를 양육하는 데 어려움이 없도록 한다. 이것이 우리나라 20년 후의 가족 형태가 될 것이다. 유럽의 여러 나라를 보면 이미 이와 같이 변하고 있음을 볼 수 있다. 이 같은 변화에 대비하여 제도를 변경하고 미리 준비해야 행복한 미래를 맞이하고 출산율을 높일 수 있을 것이다.

이런 가족 형태를 난잡하고 불안하며 엉망인 사회로 생각할 수 있으나 그것은 기우에 불과하다. 사람들은 항상 자신의 행복을 극대화하려하는데, 이러한 새로운 가족 형태는 사람들에게 더 많은 행복을 가져다줄 것이다.

| 참고 문헌 |

1) 최숙희, "저출산 시대, 어떻게 대처할 것인가" 보고서 제527호, 삼성경제연구소, 2005.11.16

2) 통계청 사회복지 통계과, "2009 통계로 보는 여성의 삶", 통계청, 2009.7.6

3) 통계청, "2008년 출생통계 결과", 통계청, 2008

4) 볼프 바그너, 정미라, "가족", 푸른나무, 2008

5) 통계청, "2005~2030 장래가구추계 결과", 통계청, 2007.11

6) 최숙희, "저출산 대책, 무엇이 핵심인가?", 삼성경제연구소, 2006.6.14

7) 김승권, "초저출산 국가의 출산 동향과 정책 대응에 대한 한일 비교 연구", 한국보건사회연구원, 2006

8) "2005년 혼인 이혼 통계 결과", http://missionmagazine.com/main/php/search_view.php?idx=493,

9) "사회 흐름도 바꿔 놓은 출산장려 정책", http://www.seoul.co.kr/news/newsView.php?id=20070504017002&spage=1

10) 일본 후생노동성(Ministry of Health, Labour, and Welfare), "일본 출산율 동향 및 출산장려 정책", http://www.mhlw.go.jp/english/index.html

11) "프랑스 출산율 1위",

http://economy.hankooki.com/lpage/worldecono/200801/e

2008011617095869860.htm, 2008.1.16

12) "저출산 국가 위기, 사회 문화적 발상의 대전환 있어야",

http://news.chosun.com/site/data/html_dir/2009/02/26/2

009022601673.html, 2009.2.26

13) "1962년 첫 산아제한 정책",

http://news.chosun.com/site/data/html_dir/2009/10/01/20

09100101185.html?srchCol=news&srchUrl=news1, 조선일

보, 2009.10.1

14) "미혼 여성 10명 중 3명 결혼보다 일이 더 좋아 ",

http://www.toiler.co.kr/board/news.asp?edit=view&kind=

&idx=246, 연합뉴스, 2004.12.28

15) "30대 미혼 여성 5년 새 두 배 급증",

http://www.hankyung.com/news/app/newsview.php?aid=

2009101158841&sid=01062003&nid=000&ltype=1, 한국경제

신문, 2009.10.12

16) 김민재, "출산장려 및 고령화 대응 정책의 주요 선진국 동향과 시
사점", 국회예산정책처, 2009.10

17) 김현기, "2018 인구 변화가 대한민국을 바꾼다", 한스미디어,
2018.12.20

18) 프랑크 쉬르마허, "가족 부활이냐 몰락이냐", 나무생각,
2006.9.27

19) 우에노 치즈코, "근대가족의 성립과 종언", 당대, 2009.3.30